Louis Bolz

Biblische Geschichte

Louis Bolz

Biblische Geschichte

ISBN/EAN: 9783743401297

Hergestellt in Europa, USA, Kanada, Australien, Japan

Cover: Foto ©Lupo / pixelio.de

Manufactured and distributed by brebook publishing software (www.brebook.com)

Louis Bolz

Biblische Geschichte

Biblische Geschichte
für
Schule und Haus.

Herausgegeben von der

Evangelisch-Protestantischen Prediger-Conferenz
von Pittsburg.

Im Selbstverlag der Herausgeber.

Pittsburg, Pa.

COPYRIGHT SECURED.

Buch- und Accidenz-Druckerei von Louis Volz, No. 620 Grant Str.,
Pittsburg, Pa.
1886.

Altes Testament.

Joh. 1, 17. Das Gesetz ist durch Moses gegeben, die Gnade und Wahrheit ist durch Jesum Christum geworden.

Erster Theil.

Altes Testament.

I. Vorgeschichte.

1.
Die Schöpfung der Welt.
(1. Mos. 1. — Kap. 2, 1—3.)

Ps. 33, 6. Der Himmel ist durch das Wort des Herrn gemacht, und all sein Heer durch den Geist seines Mundes.

1. Am Anfang schuf Gott Himmel und Erde. Die Erde war aber wüste und leer, und es war finster auf der Tiefe, und der Geist Gottes schwebte auf dem Wasser. Und Gott sprach: „Es werde Licht!" Und es ward Licht. Da schied Gott das Licht von der Finsterniß und nannte das Licht T a g und die Finsterniß N a c h t.
Da ward aus Abend und Morgen der e r s t e Tag.

2. Am zweiten Tag schuf Gott eine Feste zwischen den Wassern. Er schied das Wasser u n t e r der Feste von dem Wasser ü b e r der Feste, und nannte die Feste H i m m e l.

3. Am d r i t t e n Tag sammelte Gott das Wasser unter dem Himmel an besondere Oerter, daß man das Trockene sehe. Das trockene Land nannte er E r d e, und die Sammlung der Wasser nannte er M e e r. Und Gott ließ auf der Erde aufgehen Gras und Kraut und fruchtbare Bäume, ein jegliches mit dem Samen nach seiner Art.

4. Am **vierten** Tag schuf Gott die Lichter am Himmel, daß sie scheinen auf Erden und geben Zeichen für Zeiten, Tage und Jahre. Und Gott machte ein großes Licht, das den Tag regiere, und ein kleines Licht, das die Nacht regiere, dazu auch Sterne.

5. Am **fünften** Tag schuf Gott die Fische und andere Wasserthiere, auch die Vögel unter dem Himmel, ein jegliches nach seiner Art, und segnete sie und sprach: „Seid fruchtbar und mehret euch!"

6. Am **sechsten** Tag schuf Gott die Thiere des Landes, Vieh, Gewürm und anderes Gethier, ein jegliches nach seiner Art.

Dann sprach Gott weiter am sechsten Tag: „**Lasset uns Menschen machen, ein Bild, das uns gleich sei; die da herrschen über die Fische im Meer, und über die Vögel unter dem Himmel, und über die ganze Erde, und über alles Gewürm, das auf Erden kriecht.**" Und Gott schuf den Menschen ihm zum Bilde, zum Bilde Gottes schuf er ihn. Er schuf aber einen Mann und eine Frau, **Adam** und **Eva**, und sprach zu ihnen: „Füllet die Erde und **macht sie euch unterthan!**"

Und Gott sah an alles, was er gemacht hatte, und siehe da, es war sehr gut.

7. Also ward vollendet Himmel und Erde mit ihrem ganzen Heer. Aber am **siebenten** Tag ruhte Gott von allen seinen Werken, und segnete den siebenten Tag und heiligte ihn.

>Pf. 104, 24. Herr, wie sind deine Werke so groß und so viel! Du hast sie alle weislich geordnet, und die Erde ist voll deiner Güter.

Wie herrlich ist, o Gott,
Dein Ruhm in allen Landen!
Die Himmel und ihr Heer
Sind durch dein Wort entstanden.

Du sprichst — und es geschieht;
Gebeutst — und es steht da!
Auch mich riefst du an's Licht
Und bist mit Huld mir nah.

2.
Der Sündenfall.
(1. Mof. 2, 8—17 und Kap. 3.)

Jak. 1, 14. Ein Jeglicher wird versucht, wenn er von seiner eigenen Lust gereizt und gelockt wird.

1. Und Gott der Herr pflanzte einen Garten im Lande Eden, das Paradies, und setzte den Menschen hinein, daß er ihn baue und bewahre. In diesem Garten standen allerlei Bäume, lieblich anzusehen und gut davon zu essen. Mitten im Garten stand der Baum des Lebens und der Baum der Erkenntniß des Guten und Bösen. Und Gott gebot dem Menschen und sprach: „Du sollst essen von allen Bäumen im Garten; aber von dem Baum der Erkenntniß des Guten und Bösen sollst du nicht essen, denn welches Tages du davon issest, wirst du des Todes sterben."

2. Und die Schlange war listiger, denn alle Thiere auf dem Felde und sprach zu dem Weibe: „Ja, sollte Gott gesagt haben, ihr sollt nicht essen von allen Bäumen im Garten?" Da sprach das Weib zur Schlange: „Wir essen von den Früchten der Bäume im Garten; aber von den Früchten des Baumes mitten im Garten hat Gott gesagt: Esset nicht davon, rühret sie auch nicht an, damit ihr nicht sterbet." Da sprach die Schlange zum Weibe: „Ihr werdet mit nichten des Todes sterben; sondern Gott weiß, daß an dem Tage, da ihr davon esset, euch die Augen aufgehen werden und ihr sein werdet wie Gott und wissen, was gut und böse ist." Und das Weib schaute an, daß von dem Baum gut zu essen wäre, weil er klug machte, und nahm von der Frucht und aß, und gab ihrem Manne auch davon, und er aß.

3. Da wurden ihre Augen aufgethan und sie wurden gewahr, daß sie nackt waren. Und sie hörten die Stimme Gottes, des Herrn, der im Garten ging, und fürchteten sich und versteckten sich unter die Bäume im Garten. Da rief Gott und sprach: „Adam, wo bist du?" Adam sprach: „Ich hörte deine Stimme im Garten und fürchtete mich; denn ich bin nackt, darum versteckte ich mich." Und Gott sprach: „Wer hat dir gesagt, daß du nackt bist? Hast du nicht ge-

gessen von dem Baum, davon ich dir gebot, du sollst nicht davon essen?" Da sprach Adam: „Das Weib, das du mir zugesellt hast, gab mir von dem Baum, und ich aß." Da sprach Gott zum Weibe: „Warum hast du das gethan?" Das Weib sprach: „Die Schlange betrog mich also, daß ich aß." Da sprach Gott zur Schlange: „Weil du solches gethan hast, seist du verflucht vor allen Thieren auf dem Felde. Auf deinem Bauche sollst du gehen und Erde essen dein Leben lang. Und ich will Feindschaft setzen zwischen dir und dem Weibe, zwischen deinem Samen und ihrem Samen; derselbe soll dir den Kopf zertreten und du wirst ihn in die Ferse stechen." Und zum Weibe sprach Gott: „Ich will dir viele Schmerzen schaffen, du sollst mit Schmerzen Kinder gebären, und dein Mann soll dein Herr sein." Und zu Adam sprach Gott: „Weil du solches gethan hast: Verflucht sei der Acker um deinetwillen; mit Kummer sollst du dich darauf nähren dein Leben lang; Dornen und Disteln soll er dir tragen; im Schweiß deines Angesichts sollst du dein Brod essen, bis du wieder zu Erde werdest, davon du genommen bist. Denn du bist Erde und sollst zu Erde werden."

Und Gott trieb Adam und Eva aus dem Paradies und stellte einen Engel davor mit bloßem Schwert, zu bewahren den Weg zu dem Baum des Lebens.

1. Cor. 10, 6. Das ist aber uns zum Vorbild geschehen, daß wir uns nicht gelüsten lassen des Bösen, gleichwie jene gelüstet hat.

3.

Kain und Abel.
(1. Mos. 4. 5.)

1. Joh. 3, 15. Wer seinen Bruder hasset, der ist ein Todtschläger.

1. Adam und Eva hatten zwei Söhne, die hießen Kain und Abel. Abel ward ein Schäfer, Kain aber ward ein Ackersmann. Es begab sich aber, daß Kain dem Herrn Opfer brachte von den Früchten des Feldes; und Abel brachte auch

Opfer von den Erstlingen seiner Herde. Und der Herr sah gnädig an Abel und sein Opfer; aber Kain und sein Opfer sah er nicht gnädig an. Da ergrimmte Kain sehr, und seine Geberden verstellten sich. Da sprach der Herr zu Kain: „Warum ergrimmst du? Und warum verstellen sich deine Geberden? Ist's nicht also? Wenn du fromm bist, so bist du angenehm; bist du aber nicht fromm, so ruht die Sünde vor der Thür. Aber laß du ihr nicht ihren Willen, sondern herrsche über sie." — Da aber die Brüder mit einander auf dem Felde waren, erhob sich Kain wider seinen Bruder Abel und schlug ihn todt.

2. Da sprach der Herr zu Kain: „Wo ist dein Bruder Abel?" Er sprach: „Ich weiß es nicht; soll ich meines Bruders Hüter sein?" Aber Gott sprach: „Was hast du gethan? Deines Bruders Blut schreit zu mir von der Erde. Und nun, verflucht seist du auf der Erde; wenn du den Acker bauen wirst, soll er dir hinfort sein Vermögen nicht geben; unstät und flüchtig sollst du sein auf Erden." Kain aber sprach zu dem Herrn: „Meine Sünde ist größer, als daß sie mir könnte vergeben werden! Siehe, du treibst mich heute aus dem Lande, und ich muß mich vor deinem Angesichte verbergen und muß unstät und flüchtig sein auf Erden. Mich wird todtschlagen, wer mich findet." Der Herr aber sprach: „Nein!" und machte ein Zeichen an Kain (†), daß ihn niemand erschlüge.

3. Da ging Kain mit Weib und Kindern aus seiner Heimath und wohnte im Lande Nod. Seine Nachkommen waren stolze, trotzige Menschen, welche Gott den Herrn nicht fürchteten. Unter ihnen waren J u b a l, der Erfinder der musikalischen Instrumente, und T h u b a l k a i n, ein Meister in Erz und Eisenwerk. —

4. Adam und Eva bekamen für Abel einen andern Sohn, den nannten sie S e t h (Ersatz); außerdem hatten sie aber noch viel Söhne und Töchter und wurden beide sehr alt. Seth war ein frommer Mann und ebenso waren seine Nachkommen. Unter ihnen waren H e n o ch und sein

---

†) Unter dem Ausdruck „Kainszeichen" versteht man den unstäten, scheuen Blick, die Gewissensangst des Verbrechers, die sich auf seinem Gesicht spiegelt und ihn die Gesellschaft der Menschen meiden läßt.

Sohn **Methusalem**. Methusalem wurde so alt, wie kein anderer Mensch, nämlich 969 Jahre.

Jak. 1, 20. Des Menschen Zorn thut nicht, was vor Gott recht ist.

4.
Die Sündfluth.
(1. Mos. 6—9.)

Röm. 1, 18. Gottes Zorn vom Himmel wird geoffenbart über alles gottlose Wesen und Ungerechtigkeit der Menschen.

1. Die ersten Menschen vermehrten sich rasch auf Erden; aber es wuchs auch ihre Sünde und Bosheit. Sie vergaßen ihres Gottes und das Dichten und Trachten ihres Herzens war böse. Gott gab ihnen zwar Zeit zur Besserung, aber sie wurden immer gottloser. Da sprach Gott: „Die Menschen wollen sich von meinem Geist nicht mehr strafen lassen; ich will sie vertilgen von der Erde." **Noah** aber, aus Seth's Geschlecht, fand Gnade vor Gott; denn er war ein frommer Mann und führte ein gottgefälliges Leben. Noah hatte aber drei Söhne, die hießen **Sem, Ham** und **Japhet**.

2. Und Gott sprach zu Noah: „Mache dir einen Kasten (Arche, Schiff) von Tannenholz, 300 Ellen lang, 50 Ellen weit und 30 Ellen hoch, mit vielen Kammern darin. Denn ich will eine Sündfluth kommen lassen auf Erden; und alles, was auf Erden ist, soll untergehen. Du aber sollst in den Kasten gehen mit deinem Weibe, deinen Söhnen und ihren Weibern, und du sollst in den Kasten thun allerlei Thiere, paarweise, und allerlei Speise, daß sie dir und ihnen zur Nahrung sei." — Und Noah that wie ihm Gott gebot.

3. Da aber Noah in dem Kasten war, brachen auf die Brunnen der Tiefe, und die Fenster des Himmels öffneten sich, und es kam ein Regen auf Erden vierzig Tage und vierzig Nächte. Und die Wasser wuchsen und hoben den Kasten, 15 Ellen über die hohen Berge. Da gingen unter die Menschen und die Thiere der Erde. Nur Noah blieb übrig, und was mit ihm im Kasten war.

4. Und das Gewässer stand auf Erden hundert und fünfzig Tage. Da gedachte Gott an Noah und ließ Wind auf Erden kommen, und die Wasser fielen und nahmen ab, und der Kasten ließ sich nieder auf das Gebirge Ararat. Nach vierzig Tagen that Noah das Fenster auf am Kasten und ließ einen Raben ausfliegen, der flog immer hin und wieder her. Darnach ließ er eine Taube ausfliegen; die kam wieder in den Kasten und Noah that die Hand heraus und nahm sie zu sich in den Kasten. Nach sieben Tagen ließ Noah abermal eine Taube ausfliegen; die kam zu ihm zur Abendzeit, und siehe, sie trug ein Oelblatt in ihrem Schnabel. Aber Noah wartete noch andere sieben Tage und ließ eine Taube ausfliegen; die kam nicht wieder zu ihm. Da that Noah das Dach von dem Kasten und sah, daß der Erdboden trocken war.

5. Und Noah ging aus dem Kasten, mit allem, was bei ihm war, baute dem Herrn einen Altar und opferte Dankopfer. Und Gott sprach in seinem Herzen: „Ich will hinfort die Erde nicht mehr verfluchen um der Menschen willen; denn das Dichten des menschlichen Herzens ist böse von Jugend auf. So lange die Erde steht, soll nicht aufhören Samen und Ernte, Frost und Hitze, Sommer und Winter, Tag und Nacht." Und Gott segnete Noah und machte einen Bund mit ihm, und setzte den Regenbogen in die Wolken als Zeichen des Bundes zwischen Gott und der Erde.

Pf. 5 5. Du bist nicht ein Gott, dem gottloses Wesen gefällt; wer böse ist, bleibet nicht vor dir.

Jef. 54. 10. Denn es sollen wohl Berge weichen und Hügel hinfallen, aber meine Gnade soll nicht von dir weichen, und der Bund meines Friedens soll nicht hinfallen, spricht der Herr, dein Erbarmer.

Herr, du willst, daß deine Kinder
Deinem Bilde ähnlich sei'n;
Nie besteht vor dir der Sünder,
Denn du bist vollkommen rein.

Du bist nur der Frommen Freund,
Uebelthätern bist du Feind.
Wer beharrt in seinen Sünden,
Kann vor dir nicht Gnade finden.

5.
Der Thurmbau zu Babel.
(1. Mos. 11.)

1. Petr. 5, 5.   Gott widersteht den Hoffärtigen.

Noah lebte nach der Sündfluth noch 350 Jahre. — Da er starb, waren die Menschen schon wieder zahlreich auf Erden. —

Es hatte aber alle Welt einerlei Sprache. Da nun die Menschen gegen Morgen zogen, fanden sie ein ebenes Land und wohnten daselbst. Und sie sprachen unter einander: „Wohlauf, lasset uns Ziegel brennen und eine Stadt und einen Thurm bauen, dessen Spitze bis an den Himmel reiche, daß wir uns einen Namen machen und daß wir nicht über die ganze Erde zerstreut werden."

Aber der Herr hatte Mißfallen an ihrem Thun und sprach: „Wohlauf, lasset uns herniederfahren und ihre Sprache verwirren, daß keiner des andern Sprache verstehe." Also zerstreute der Herr die Menschen über die ganze Erde, und sie mußten aufhören, die Stadt zu bauen. Daher heißt diese Stadt **Babel**, das heißt **Verwirrung**.

Ps. 33, 10.   Der Herr machet zu nichte der Heiden Rath, und wendet die Gedanken der Völker.

II. Die auserwählte Familie.

Die Patriarchen Abraham, Isaak und Jakob.

(2000 Jahre vor Christus.)

6.

Abraham's Berufung.
(1. Mos. 11, 12. 13.)

Jes. 42, 6. Ich, der Herr, habe dich gerufen und habe dich bei deiner Hand gefaßt und habe dich gegeben zum Licht der Heiden.

1. Noah's Nachkommen fielen sehr bald vom wahren Gott ab und dienten andern Göttern. Sie machten sich Götzenbilder (Götzen) und beteten sie an. Daher erwählte sich Gott einen Mann namens Abraham, um sich aus ihm und seinen Nachkommen ein frommes Volk zu erziehen. Abraham wohnte mit seinem Bruder Nahor in der Stadt Haran, im Lande Mesopotamien, zwischen den Flüssen Euphrat und Tigris. — Und Gott sprach zu Abraham: „Gehe aus deinem Vaterlande, und von deiner Freundschaft, und aus deines Vaters Haus in ein Land, das ich dir zeigen will. Ich will dich zum großen Volk machen und will dich segnen, und in dir sollen gesegnet werden alle Völker auf Erden." Da zog Abraham aus mit seinem Weibe Sarah und mit Lot, seines verstorbenen Bruders Haran Sohn, und kam in das Land Kanaan.†) Daselbst

---
†) Das Land „Kanaan" ist das heutige Palästina; es heißt auch das „gelobte Land," das „jüdische Land."

erschien ihm der Herr und sprach: „Deinen Nachkommen will ich dies Land geben."

2. Abraham war sehr reich an Vieh, Silber und Gold. Aber auch Lot hatte große Herden.*) Das Land mochte es deshalb nicht ertragen, daß sie beieinander wohnten, und es war immer Zank zwischen den Hirten Abraham's und den Hirten Lot's. Da sprach Abraham zu Lot: „Lieber, laß nicht Zank sein zwischen mir und dir, zwischen meinen Hirten und deinen Hirten; denn wir sind Gebrüder. Lieber, scheide dich von mir. Willst du zur Linken, so will ich zur Rechten; willst du zur Rechten, so will ich zur Linken." Da erwählte sich Lot die schöne Gegend am Jordan und schlug seine Hütte in Sodom auf. Aber die Leute zu Sodom waren böse und sündigten sehr wider den Herrn. Abraham aber wohnte im Hain Mamre, der zu Hebron ist, und baute daselbst dem Herrn einen Altar.

Hebr. 11. 8. Durch den Glauben ward gehorsam Abraham, da er berufen ward, auszugehen in das Land, das er ererben sollte; und ging aus, und wußte nicht, wohin er kam.

Matth. 5 9. Selig sind die Friedfertigen, denn sie werden Gottes Kinder heißen.

7.

Abraham's Glaube.

(1. Mos. 15—18.

Hebr. 13. 2. Gastfrei zu sein, vergesset nicht, denn durch dasselbige haben etliche ohne ihr Wissen Engel beherbergt.

1. Und es geschah das Wort des Herrn zu Abraham: „Fürchte dich nicht, ich bin dein Schild und dein sehr großer Lohn." Abraham aber sprach: „Herr, Herr, was willst du mir geben? Ich gehe dahin ohne Kinder." Und Gott hieß ihn hinaus gehen und sprach: „Siehe gen Himmel und zähle die Sterne; kannst du sie zählen? So viele Nachkommen

---

*) Abraham und seine Nachkommen waren Nomaden, d. h. Herdenbesitzer, die keine festen Wohnsitze haben, sondern in Zelten wohnen und bald hier, bald dort sich aufhalten, wo für ihre Herden gute Weide ist.

sollst du haben." Abraham glaubte dem Herrn und das rechnete er ihm zur Gerechtigkeit. Und Gott machte einen Bund mit Abraham und sprach zu ihm: „Ich bin der allmächtige Gott, wandle vor mir und sei fromm."

2. Abraham saß eines Tages vor der Thür seiner Hütte, da der Tag am heißesten war. Und als er seine Augen aufhob, siehe, da standen drei Männer vor ihm; er lief ihnen entgegen, bückte sich und sprach: „Herr, habe ich Gnade gefunden vor deinen Augen, so gehe nicht an deinem Knecht vorüber. Setzet euch unter den Baum, ich will euch einen Bissen Brod bringen, daß ihr euch labet." Abraham eilte in die Hütte zu Sarah und sprach: „Eile und backe Kuchen." Er selbst holte ein zartes Kalb und ließ es zubereiten, trug Milch und Butter auf, setzte es den Männern vor und sie aßen.

3. Da sprach einer von den Männern: „Wo ist dein Weib Sarah?" Er antwortete: „Drinnen in der Hütte." Da sprach der Mann: „Ich will wieder zu dir kommen um diese Zeit über's Jahr; dann wird Sarah einen Sohn haben." Das hörte Sarah hinter der Thür der Hütte und lachte bei sich selbst. Der Herr aber sprach: „Warum lacht Sarah? Sollte dem Herrn etwas unmöglich sein?

Pf. 37, 4. Habe deine Lust an dem Herrn, der wird dir geben, was dein Herz wünschet.

8.
Sodom und Gomorra.
(1. Mos. 18. 19.)

Pf. 73, 19. Wie werden die Gottlosen so plötzlich zu nichte! Sie gehen unter und nehmen ein Ende mit Schrecken.

1. Die Männer standen auf und wandten sich gegen Sodom, und Abraham ging mit ihnen. Da sprach der Herr zu Abraham: „Es ist ein Geschrei von Sodom und Gomorra, das ist groß, und ihre Sünden sind sehr schwer; darum will ich sie vertilgen." Aber Abraham bat für sie und sprach: „Willst du den Gerechten mit dem Gottlosen umbringen?" Der Herr sprach: „Finde ich fünfzig Gerechte in Sodom, so

will ich um ihrer willen allen vergeben." Abraham antwortete und sprach: "Ach siehe, ich habe mich unterwunden, zu reden mit dem Herrn, wiewohl ich Erde und Asche bin. Es möchten vielleicht fünf und vierzig Gerechte darinnen sein, oder vierzig, — oder dreißig, — oder zwanzig oder zehn!" Der Herr sprach: "Ich will sie nicht verderben um der zehn willen!"

2. Und der Herr ging hin, da er mit Abraham ausgeredet hatte; und Abraham kehrte wieder an seinen Ort. — Die zwei Engel kamen nach Sodom des Abends. Lot aber saß unter dem Thor. Und da er sie sah, nahm er sie mit in sein Haus, machte ihnen ein Essen und behielt sie die Nacht über bei sich. Die Leute von Sodom trieben aber die ganze Nacht hindurch abscheuliche Bosheit. Da sprachen die Engel zu Lot: "Hast du noch jemand, der dir angehört, den führe weg aus dieser Stätte, denn der Herr hat uns gesandt, sie zu verderben." — Da nun die Morgenröthe aufging, hießen die Engel Lot eilen. Da er aber verzog, griffen sie ihn, sein Weib und seine zwei Töchter bei der Hand, führten sie zur Stadt hinaus und sprachen: "Errette deine Seele und sieh nicht hinter dich." Da ließ der Herr Schwefel und Feuer regnen vom Himmel herab auf Sodom und Gomorra und verheerte die Städte und die ganze Gegend. Und Lot's Weib sah hinter sich und ward zur Salzsäule.

Wo die beiden Städte Sodom und Gomorra gestanden hatten, da ist nun das „todte Meer", auch „Salzmeer" genannt.

1. Tim. 2, 1. So ermahne ich nun, daß man vor allen Dingen zuerst thue Bitte, Gebet, Fürbitte und Danksagung für alle Menschen.
2. Petr. 2, 6. Gott hat die Städte Sodom und Gomorra zu Asche gemacht, umgekehrt und verdammt, damit ein Exempel gesetzt den Gottlosen, die hernach kommen würden.

9.
Isaak's Opferung.
(1. Mos. 21. 22.)

5. Mos. 13, 3. Der Herr versucht euch, daß er erfahre, ob ihr ihn von ganzem Herzen und von ganzer Seele lieb habt.

1. Als Abraham hundert Jahre alt war, gebar ihm Sarah einen Sohn, wie der Herr verheißen hatte, und

nannte ihn Isaak. Und der Knabe wuchs und war die Freude seiner Eltern.

Und Gott versuchte Abraham und sprach zu ihm: „Nimm Isaak, deinen einzigen Sohn, den du lieb hast, und gehe hin in das Land Morija, und opfere ihn daselbst zum Brandopfer auf einem Berge, den ich dir sagen werde."

2. Da stand Abraham des Morgens früh auf, gürtete seinen Esel und nahm mit sich zwei Knechte und seinen Sohn Isaak, und spaltete Holz zum Brandopfer, machte sich auf und ging hin an den Ort, davon ihm Gott gesagt hatte. Am dritten Tag hob Abraham seine Augen auf und sah die Stätte von ferne und sprach zu seinen Knechten: „Bleibet hier mit dem Esel, ich und der Knabe wollen dorthin gehen; und wenn wir angebetet haben, wollen wir wieder zu euch kommen." Und Abraham nahm das Holz zum Brandopfer und legte es auf seinen Sohn Isaak; er aber nahm das Feuer und Messer in seine Hand und so gingen die beiden miteinander. Da sprach Isaak: „Mein Vater, siehe, hier ist Feuer und Holz; wo ist aber das Schaf zum Brandopfer?" Abraham antwortete: „Mein Sohn, Gott wird sich ersehen ein Schaf zum Brandopfer."

3. Und als sie kamen an die Stätte, die ihm Gott gesagt hatte, baute Abraham daselbst einen Altar und legte das Holz darauf; und band seinen Sohn Isaak und legte ihn auf den Altar oben auf das Holz; und reckte seine Hand aus und faßte das Messer, daß er seinen Sohn opfere. Da rief ihm der Engel des Herrn vom Himmel und sprach: „Abraham, Abraham! lege deine Hand nicht an den Knaben und thue ihm nichts! Denn nun weiß ich, daß du Gott fürchtest und hast deines eigenen Sohnes nicht verschont um meinetwillen." Da hob Abraham seine Augen auf und sah einen Widder mit seinen Hörnern in der Hecke hangen; und ging hin und nahm den Widder und opferte ihn an seines Sohnes Statt.

4. Und der Engel des Herrn rief Abraham abermals vom Himmel und sprach: „Ich habe bei mir selbst geschworen, weil du solches gethan hast, und hast deines einzigen Sohnes nicht verschont, so will ich deinen Samen segnen und ihn mehren, wie die Sterne am Himmel und wie den Sand

am Ufer des Meers. Und durch deinen Samen sollen alle Völker auf Erden gesegnet werden."

Und Abraham kehrte zurück zu seinen Knechten und sie zogen mit einander nach Bersaba, und wohnte daselbst.

Jak. 1, 12. Selig ist der Mann, der die Anfechtung erduldet; denn nachdem er bewährt ist, wird er die Krone des Lebens empfangen, welche Gott verheißen hat denen, die ihn lieb haben.

10.
Isaaks Heirath.
(1 Mos. 24.)

Matth. 7, 7. Bittet, so wird euch gegeben; suchet, so werdet ihr finden; klopfet an, so wird euch aufgethan.

1. Abraham war alt und wohlbetagt und der Herr hatte ihn gesegnet allenthalben. Und er sprach zu seinem ältesten Knecht Elieser, der allen seinen Gütern vorstand: "Nimm meinem Sohne Isaak kein Weib von den Töchtern der Kananiter, unter welchen ich hier wohne, sondern ziehe in mein Vaterland zu meiner Freundschaft und nimm ihm dort ein Weib." Da nahm Elieser zehn Kameele und allerlei Güter seines Herrn und machte sich auf und zog nach Mesopotamien zu der Stadt Nahors, der Abrahams Bruder war. Da ließ er die Kameele sich lagern außen vor der Stadt, bei einem Brunnen, des Abends um die Zeit, da die Weiber pflegten, Wasser zu schöpfen. Und er betete und sprach: "Herr, thue Barmherzigkeit an meinem Herrn Abraham. Wenn nun eine Jungfrau kommt, zu der ich spreche: Neige deinen Krug und laß mich trinken, und sie sprechen wird: Trinke, ich will deine Kameele auch tränken, daß sie die sei, die du deinem Knechte Isaak beschert hast."

2. Und ehe er ausgeredet hatte, siehe, da kam heraus eine Jungfrau, schön von Angesicht und Gestalt und trug einen Krug auf ihrer Achsel. Die stieg hinab zum Brunnen und füllte den Krug und stieg herauf. Da lief ihr Elieser entgegen und sprach: "Laß mich ein wenig Wasser aus deinem Kruge trinken." Und sie sprach: "Trinke, mein Herr."

— 19 —

Und eilend ließ sie den Krug hernieder auf ihre Hand, gab ihm zu trinken und sprach: „Ich will deinen Kameelen auch schöpfen, bis sie alle getrunken haben." Und sie eilte und goß den Krug aus in die Tränke, und lief abermal zum Brunnen und schöpfte allen seinen Kameelen. Da nun die Kameele alle getrunken hatten, legte Elieser eine goldene Spange und zwei Armringe an ihre Hände und sprach: „Meine Tochter, wem gehörst du an?" Sie sprach: „Ich bin Rebecka, Bethuels Tochter, der ein Sohn Nahors ist." Da neigte sich Elieser und betete den Herrn an und sprach: „Gelobt sei Gott, der mich den Weg geführt hat zu dem Hause des Bruders meines Herrn." Und Rebecka lief und sagte solches alles an im Hause ihrer Mutter.

3. Und Rebecka hatte einen Bruder, der hieß Laban. Als Laban sah die Spangen und Armringe an seiner Schwester Händen und hörte die Worte Rebecka's, lief er hinaus an den Brunnen zu Elieser und sprach: „Komme herein du Gesegneter des Herrn; warum stehst du draußen?" Und er führte ihn in's Haus und setzte ihm Essen vor. Elieser aber sprach: „Ich will nicht essen, bis daß ich meine Sache vorgebracht habe." Sie sagten: „Sage her." Und er erzählte ihnen alles, was geschehen war. Da sprachen sie: „Das kommt vom Herrn. Wir können nichts dawider thun. Da ist Rebecka, nimm sie und ziehe hin, daß sie Isaaks Weib sei." Des Morgens aber stand er auf und sprach: „Lasset mich ziehen zu meinem Herrn und haltet mich nicht auf, denn der Herr hat Gnade zu meiner Reise gegeben." Und sie riefen Rebecka und sprachen zu ihr: „Willst du mit diesem Manne ziehen?" Sie antwortete: „Ja, ich will mit ihm." Da segneten sie Rebecka und ließen sie ziehen.— Isaak aber war am Abend auf's Feld gegangen, zu beten. Da kam Elieser mit Rebecka. Und Isaak führte Rebecka zu seiner Mutter Sarah und sie ward sein Weib und er gewann sie lieb.

Und Abraham gab all sein Gut Isaak und starb in einem ruhigen Alter, da er alt und lebenssatt war, und ward begraben neben Sarah, seinem Weibe.

Ps. 145. 18. 19. Der Herr ist nahe allen, die ihn anrufen, allen, die ihn mit Ernst anrufen. Er thut, was die Gottesfürchtigen begehren und hört ihr Schreien und hilft ihnen.

In allen meinen Thaten
Laß ich den Höchsten rathen,
Der alles kann und hat.
Er muß zu allen Dingen,
Soll etwas mir gelingen,
Mein Helfer sein mit Rath und That.

11.
Jakob und Esau.
(1. Mos. 25—27.)

1. Thess. 4. 6. Daß niemand zu weit greife, noch vervortheile seinen Bruder.

1. Isaak und Rebecka hatten zwei Söhne, Esau und Jakob. Sie waren Zwillinge, aber einander ganz unähnlich an Aussehen und an Sitten. Esau, der erstgeborne, hatte röthliche Haare und eine rauhe Haut; er ward ein Jäger und Ackermann, des Vaters Liebling. Jakob ward ein Hirte, blieb gerne daheim und war der Mutter Liebling. —
Eines Tages kochte Jakob ein Linsengericht. Da kam Esau vom Felde und war müde und sprach zu Jakob: „Laß mich kosten das rothe Gericht." Aber Jakob sprach: „Verkaufe mir heute deine Erstgeburt?"*) Esau antwortete: „Siehe, ich muß doch sterben, was soll mir denn die Erstgeburt?" So verkaufte Esau seine Erstgeburt um ein Linsen-Gericht.

2. Als Isaak alt und seine Augen dunkel geworden waren, rief er seinen Sohn Esau und sprach zu ihm: „Siehe, ich bin alt geworden und weiß nicht, wann ich sterben soll; so gehe nun auf's Feld und fange mir ein Wildpret und mache mir ein Essen, wie ich's gerne habe, daß dich meine Seele segne, ehe ich sterbe!" Rebecka hörte aber diese Worte, die Isaak zu seinem Sohne Esau sagte. Und sie ließ sich von Jakob zwei Böcklein von der Herde holen, schlachtete sie und machte ein Essen, wie's Isaak gerne hatte. Aber die Felle

---

*) Der erstgeborene Sohn des Hauses hatte ein höheres Ansehen als seine Geschwister; er wurde das Haupt der Familie und bekam ein doppeltes Erbtheil.

der Böcklein that sie um Jakobs Hände und wo er glatt war am Halse. Und Jakob trug das Essen hinein zu seinem Vater und sprach: „Mein Vater!" Isaak antwortete: „Wer bist du, mein Sohn?" Jakob sprach: „Ich bin Esau, dein erstgeborner Sohn; ich habe gethan, wie du mir gesagt hast. Setze dich und iß von meinem Wildpret, auf daß mich deine Seele segne." Da betastete ihn sein Vater, ob er rauhe Hände habe und sprach: „Die Stimme ist Jakob's Stimme, aber die Hände sind Esau's Hände," und fragte noch einmal: „Bist du mein Sohn Esau?" Jakob antwortete: „Ja, ich bin's!" — Da aß und trank Isaak; und als er gegessen hatte, sprach er: „Komme her mein Sohn und küsse mich." Dann segnete er ihn und sprach: „Gott gebe dir vom Thau' des Himmels und von der Fettigkeit der Erde, und Korn und Wein die Fülle. Völker müssen dir dienen und Leute müssen dir zu Fuß fallen. Sei ein Herr über deine Brüder!"

3. Als nun Isaak den Segen vollendet hatte, und Jakob kaum hinausgegangen war, da kam Esau von seiner Jagd, machte auch ein Essen und trug es hinein zu seinem Vater, und sprach zu ihm: „Stehe auf, mein Vater, und iß von dem Wildpret deines Sohnes, daß mich deine Seele segne." Da antwortete ihm Isaak, sein Vater: "Wer bist du?" Er sprach: „Ich bin Esau, dein erstgeborner Sohn." Da entsetzte sich Isaak sehr und sprach: „Wer? Wo ist denn der Jäger, der mir gebracht hat? Und ich habe gegessen, ehe du kamst, und habe ihn gesegnet; er wird auch wohl gesegnet bleiben." Als Esau diese Rede hörte, schrie er laut und sprach: „Segne mich auch, mein Vater." Isaak aber sprach: „Dein Bruder ist gekommen mit List und hat deinen Segen hinweg." Da weinte Esau und sprach: „Hast du denn nur einen Segen, mein Vater? Segne mich auch." Da antwortete Isaak: „Siehe da, mit deinem Schwert wirst du dich nähren und deinem Bruder dienen."

4. Und Esau ward Jakob gram um des Segens willen und sprach: „Es wird die Zeit bald kommen, daß mein Vater Leid tragen muß; denn ich will meinen Bruder Jakob erwürgen." Da sprach Rebecka zu Jakob: „Mache dich auf und fliehe zu meinem Bruder Laban in Haran und bleibe

bei ihm, **bis sich** der Grimm deines Bruders wende, **und er vergesse, was du ihm gethan hast."**

Spr. Sal. 15. 16. Es ist besser ein Weniges mit **der Furcht des Herrn, denn** großer Schatz, darinnen Unruhe ist.

> **Was dir Gott** beschert,
> Bleibt dir unverwehrt;
> Aber alles Selbsterzwingen
> Führet nur zu bösen Dingen.
> Ist dir 'was beschert,
> Bleibt dir's unverwehrt.

12.
Jakobs Wanderschaft und Heimkehr.
(1. Mos. 28—33.)

Ps. 139, 3. Ich gehe oder liege, so bist du um mich und siehst alle meine Wege.

1. Und Jakob machte sich auf und zog nach Haran. Und er kam an einen Ort, da blieb er über Nacht, denn die Sonne war untergegangen. Er nahm einen Stein, legte ihn unter sein Haupt und legte sich schlafen. Und ihm träumte, und siehe, eine Leiter stand auf der Erde, die rührte mit der Spitze an den Himmel und die Engel Gottes stiegen daran auf und nieder. Und der Herr stand oben darauf und sprach: „Ich bin der Herr, der Gott Abrahams und Isaaks. Das Land, darauf du liegst, will ich dir und deinem Samen geben. Durch dich und deinen Samen sollen alle Geschlechter auf Erden gesegnet werden. Und siehe, ich bin mit dir und will dich behüten, wo du hinziehst und will dich wieder herbringen in dies Land." Da nun Jakob aufwachte, sprach er: „Gewißlich ist der Herr an diesem Ort. Wie heilig ist diese Stätte. Hier ist nichts anderes, denn Gottes Haus, und hier ist die Pforte des Himmels." Und Jakob nahm den Stein, den er unter sein Haupt gelegt hatte, und richtete ihn auf zu einem Denkmal und hieß die Stätte „Bethel", das heißt „Gotteshaus".

2. Wie Elieser die Rebecka, so fand Jakob die schöne **Rahel**, Labans Tochter, bei einem Brunnen auf dem Felde. Jakob blieb bei Laban und diente ihm 14 Jahre lang um seine beiden Töchter Lea und Rahel. Darnach diente er ihm abermal sechs Jahre um Lohn und ward sehr reich an Knechten und Mägden und an Vieh. Der Herr aber sprach zu Jakob: „Ziehe wieder in deiner Väter Land und zu deiner Freundschaft; ich will mit dir sein." Da ging Jakob fort von Laban, und nahm mit sich alles, was sein war.

3. Da aber Jakob hörte, daß ihm sein Bruder Esau mit 400 Mann entgegen zog, fürchtete er sich sehr. Und er theilte seine ganze Habe in zwei Heere und sprach: „So Esau kommt auf das eine Heer und schlägt es, so wird das andere entrinnen." Dann betete Jakob und sprach: „Herr Gott meiner Väter, ich bin zu gering aller Barmherzigkeit und Treue, die du an mir gethan hast. Denn ich hatte nichts als diesen Stab, da ich über den Jordan ging und nun bin ich zwei Heere geworden. Errette mich von der Hand meines Bruders Esau, **denn du hast gesagt, ich will dir wohlthun!**"

4. In der Nacht, da Jakob allein war, rang er mit einem Mann, bis die Morgenröthe anbrach. Da aber der Mann gehen wollte, sprach Jakob: „**Ich lasse dich nicht, du segnest mich denn.**" Und der Mann sprach: „Wie heißt du?" Er antwortete: „Jakob." Er sprach: „Du sollst nicht mehr Jakob heißen, sondern **Israel**; denn du hast mit Gott und Menschen gekämpft und hast gesiegt!" *)

5. Bald darauf sah Jakob seinen Bruder Esau kommen; er lief ihm entgegen und verneigte sich vor ihm. Esau aber fiel ihm um den Hals, herzte und küßte ihn, und sie weinten. Jakob gab Esau reiche Geschenke; Esau wollte sie nicht annehmen und sprach: „Ich habe genug, mein Bruder, behalte was du hast." Jakob nöthigte ihn aber, bis er sie nahm.

---

*) In heißem Gebetskampfe ist das bessere Theil Jakobs siegreich geblieben; er ist ein neuer, besserer Mensch geworden und erhielt deshalb auch einen neuen Namen; Israel, d. h. Gotteskämpfer.

6. .Esau zog nun wieder in sein Land Seir und wohnte daselbst; Jakob aber blieb im Lande Kanaan und wohnte bei Sichem. Als der Vater Isaak starb, begruben ihn seine Söhne Jakob und Esau.

Ps. 23, 4. Ob ich schon wanderte im finstern Thal, fürchte ich kein Unglück, denn du bist bei mir. Dein Stecken und Stab trösten mich.

Gott bei mir an jedem Orte!
Auf dem Meer und auf dem Land,
Das ist mir aus seinem Worte,
Aus Erfahrung wohl bekannt.
Fragt ihr mich: „Wer ist bei dir?"
„Gott ist hier! Gott ist mit mir!"

13.
Joseph wird von seinen Brüdern verkauft.
(1. Mos. 37.)

Jak. 3, 16 Wo Neid und Zank ist, da ist Unordnung und eitel böses Ding.

1. Jakob hatte aber zwölf Söhne; ihre Namen sind: **Ruben, Simeon, Levi, Juda, Dan, Naphtali, Gad, Asser, Isaschar, Sebulon, Joseph und Benjamin.** Die beiden letzten, Joseph und Benjamin, hatte ihm Rahel geboren. — Joseph war siebzehn Jahre alt, da er ein Hirte des Viehes ward mit seinen Brüdern; und er brachte vor ihren Vater, wo ein böses Geschrei über sie war. Jakob hatte aber Joseph lieber denn alle seine Kinder, und er machte ihm einen bunten Rock. Da nun seine Brüder sahen, daß ihn der Vater lieber hatte, als sie, waren sie ihm feind und konnten kein freundlich Wort zu ihm sprechen.

2. Dazu hatte Joseph einmal einen Traum, den erzählte er seinen Brüdern und sprach. „Höret, ihr Lieben, mir träumte, wir bänden Garben auf dem Felde, und eure Garben neigten sich gegen meine Garbe." Da sprachen die Brüder: „Sollst du unser König werden und über uns herrschen?" und wurden ihm noch mehr feind. Und er hatte noch einen Traum, den erzählte er seinen Brüdern und

sprach: „Mir träumte, die Sonne und der Mond und elf Sterne neigten sich vor mir." Und da sein Vater von diesem Traum hörte, strafte er ihn und sprach: „Was ist das für ein Traum? Soll ich, und deine Mutter, und deine Brüder kommen und dich anbeten?"

3. Da nun seine Brüder hingingen, zu weiden das Vieh ihres Vaters in Sichem, sprach Jakob zu Joseph: „Gehe hin und sieh, ob es wohl stehe um deine Brüder und um das Vieh." Als die Brüder ihn von ferne sahen, sprachen sie: „Seht, da kommt der Träumer her. Kommt, laßt uns ihn erwürgen und sagen, ein böses Thier habe ihn gefressen; so wird man sehen, was seine Träume sind." Da das Ruben hörte, sprach er: „Laßt uns ihn nicht tödten, vergießet nicht Blut, sondern werfet ihn in eine Grube." Er wollte ihn aber aus ihren Händen erretten und ihn seinem Vater wieder bringen. Als nun Joseph zu seinen Brüdern kam, zogen sie ihm seinen bunten Rock aus und warfen ihn in eine Grube; es war aber kein Wasser in der Grube.

4. Und sie setzten sich nieder, zu essen. Indessen hoben sie ihre Augen auf und sahen einen Haufen Ismaeliter kommen; die zogen mit ihren Kameelen hinab nach Egypten. Da sprach Juda zu seinen Brüdern: „Kommt, laßt uns Joseph den Ismaelitern verkaufen, daß sich unsere Hände nicht an ihm vergreifen, denn er ist unser Bruder." Und sie zogen ihn heraus aus der Grube und verkauften ihn um zwanzig Silberlinge.

Dann schlachteten sie einen Ziegenbock, tauchten Joseph's Rock in's Blut, schickten ihn ihrem Vater und ließen ihm sagen: „Diesen Rock haben wir gefunden, sieh, ob es deines Sohnes Rock ist?" Er kannte ihn aber und sprach: „Es ist meines Sohnes Rock; ein böses Thier hat ihn gefressen, ein reißend Thier hat Joseph zerrissen!" Und Jakob zerriß seine Kleider und trug Leid um seinen Sohn lange Zeit. Und alle seine Söhne und Töchter traten auf, ihn zu trösten. Aber er wollte sich nicht trösten lassen und sprach: „Ich werde mit Leid hinunter fahren in die Grube zu meinem Sohne."

Ps. 34, 20. Der Gerechte muß viel leiden, aber der Herr hilft ihm aus dem allem.

Was helfen uns die schweren Sorgen?
Was hilft uns unser Weh und Ach?
Was hilft es, daß wir alle Morgen
Beseufzen unser Ungemach?
Wir machen unser Kreuz und Leid
Nur größer durch die Traurigkeit.

14.
Joseph im Gefängniß.
(1. Mos. 39. 40.)

Tob. 4, 6. Dein Leben lang habe Gott vor Augen und im Herzen und hüte dich, daß du in keine Sünde willigest, noch thust wider Gottes Gebot.

1. Joseph ward hinab nach Egypten geführt; und Potiphar, des Pharao*) Kämmerer und Hofmeister, kaufte ihn von den Ismaelitern. Und der Herr war mit Joseph und alles, was er that, da gab der Herr Glück zu. Darum setzte ihn Potiphar über sein ganzes Haus. — Potiphar's böses Weib wollte aber Joseph zu großer Sünde verleiten. Joseph weigerte sich aber und sprach: „Wie sollte ich ein so großes Uebel thun und wider Gott sündigen?" Da verklagte sie ihn bei ihrem Manne, und ihr Mann ward sehr zornig und legte ihn in's Gefängniß. Aber der Herr war mit Joseph und ließ ihn Gnade finden vor dem Amtmann über das Gefängniß, also daß er Joseph zum Aufseher über alle Gefangene machte.

2. Und es begab sich darnach, daß sich der oberste Schenke und der oberste Bäcker des Königs in Egypten an ihrem Herrn versündigten. Und Pharao ward zornig über sie und ließ sie in's Gefängniß werfen. Eines Morgens waren beide sehr traurig; da fragte sie Joseph und sprach: „Warum seid ihr so traurig?" Sie antworteten: „Es hat uns geträumt und wir haben niemand, der es uns auslege." Joseph sprach: „Auslegen gehört Gott zu; doch erzählt mir's." Da sprach der oberste Schenke: „Mir hat geträumt, daß ein Weinstock vor mir wäre, der hatte drei Reben; und

---

*) Pharao: Dieses Wort bedeutet König.

er grünte, wuchs und blühte und seine Trauben wurden reif. Und ich hatte den Becher Pharao's in meiner Hand, und nahm die Beeren und zerdrückte sie in den Becher und gab den Becher Pharao in die Hand." Joseph sprach: „Drei Reben sind drei Tage. Ueber drei Tage wird Pharao dein Haupt erheben und dich wieder in dein Amt setzen. Aber gedenke meiner, wenn es dir wohl geht und erinnere Pharao, daß er mich aus diesem Hause führe, denn ich habe nichts gethan, daß sie mich eingesetzt haben." — Da der oberste Bäcker sah, daß die Deutung gut war, sprach er zu Joseph: „Mir hat geträumt, ich trüge drei weiße Körbe auf meinem Haupt, und im obersten Korb allerlei Gebackenes für Pharao; und die Vögel fraßen aus dem Korbe." Joseph antwortete: „Drei Körbe sind drei Tage. Nach drei Tagen wird Pharao dein Haupt erheben und dich an den Galgen hängen und die Vögel werden dein Fleisch fressen." — Und drei Tage später setzte Pharao den obersten Schenken wieder in sein Amt, aber den obersten Bäcker ließ er hängen, wie ihnen Joseph gedeutet hatte. — Aber der oberste Schenke dachte nicht an Joseph, sondern vergaß seiner.

Ps. 119, 9. Wie wird ein Jüngling seinen Weg unsträflich gehen? Wenn er sich hält nach deinen Worten.

Röm. 8, 28. Wir wissen aber, daß denen die Gott lieben, alle Dinge zum Besten dienen.

Wer nur den lieben Gott läßt walten
Und hoffet auf ihn alle Zeit,
Den wird er wunderbar erhalten
In aller Noth und Traurigkeit.
Wer Gott, dem Allerhöchsten traut,
Der hat auf keinen Sand gebaut.

15.
Joseph wird erhöht.
(1. Mos. 41.)

Jes. 28, 29. Des Herrn Rath ist wunderbar und führt es herrlich hinaus.

1. Und nach zwei Jahren hatte Pharao einen Traum. Er stand im Traum am Nil und sah aus dem Wasser stei-

gen sieben schöne fette Kühe, die gingen an der Weide im Grase. Nach diesen sah er andere sieben Kühe aus dem Wasser steigen; die waren häßlich und mager und fraßen die fetten Kühe; aber sie blieben mager wie vorher. Da erwachte Pharao. Und er schlief wieder ein und ihm träumte abermal; und sah, daß sieben Aehren wuchsen aus einem Halm, voll und dick. Darnach sah er sieben dünne und versengte Aehren aufgehen. Und die sieben mageren Aehren verschlangen die sieben dicken und vollen Aehren. Da erwachte Pharao und merkte, daß es ein Traum war. Und da es Morgen ward, schickte er aus und ließ rufen alle Wahrsager in Egypten, und alle Weisen, und erzählte ihnen seine Träume; aber da war keiner, der sie deuten konnte.

2. Da gedachte der oberste Schenke an Joseph und an seine Sünde gegen ihn und erzählte dem Pharao von dem hebräischen Jüngling, der ihm und dem Bäcker im Gefängniß ihre Träume so richtig gedeutet hatte. Da sandte Pharao hin und ließ Joseph rufen und erzählte ihm seine Träume. Joseph sprach: „Beide Träume Pharao's sind einerlei. Gott verkündigt Pharao, was er vor hat. Die sieben Kühe und die sieben Aehren sind sieben Jahre. Siehe, sieben reiche Jahre werden kommen in ganz Egyptenland; und nach denselben werden sieben Jahre theuere Zeit kommen. Daß aber Pharao zweimal nach einander geträumt hat, bedeutet, daß Gott solches gewiß und eilend thun wird. Nun sehe sich Pharao um nach einem verständigen und weisen Mann, den er über Egyptenland setze. Derselbe nehme in den sieben reichen Jahren den fünften Theil von allem Getreide und samnle es in Kornhäuser, zum Vorrath für die sieben theuren Jahre, daß nicht das Land vor Hunger verderbe."

3. Die Rede gefiel Pharao und allen seinen Knechten wohl. Und Pharao sprach: „Wie könnten wir einen Mann finden, in dem der Geist Gottes ist, wie in dir? Weil dir Gott solches alles kund gethan hat, ist keiner so verständig und weise, als du. Siehe, ich setze dich über ganz Egyptenland und deinem Wort soll mein ganzes Volk gehorchen." Und that seinen Ring von seiner Hand und that ihn an Joseph's Hand, kleidete ihn mit weißer Seide, hing ihm eine

goldene Kette an den Hals, und ließ ihn auf seinem Wagen fahren und vor ihm her ausrufen: „Der ist des Landes Vater." Joseph war dreißig Jahre alt, da er vor Pharao stand.

4. Und Joseph zog in den sieben reichen Jahren durch ganz Egyptenland und sammelte Getreide über die Maßen viel, wie Sand am Meer. — Da nun die sieben reichen Jahre um waren, da fingen an die sieben theuren Jahre zu kommen. Und es ward eine Theuerung in allen Landen; aber in Egypten war Brod, denn Joseph that allenthalben Kornhäuser auf. Und alle Lande kamen nach Egypten, zu kaufen bei Joseph.

Pf. 62, 2. 3. Meine Seele ist stille zu Gott, der mir hilft, denn er ist mein Hort, meine Hülfe, mein Schutz, daß mich kein Fall stürzen wird, wie groß er ist.

Es sind ja Gott geringe Sachen,
Und seiner Allmacht bleibt es gleich,
Den Reichen klein und arm zu machen,
Den Armen aber groß und reich.'
Er ist's, der Wunder stets gethan,
Der stürzen und erhöhen kann.

16.

Erste Reise der Brüder Josephs nach Egypten.
(1. Mos. 42.)

Gal. 6, 7. Irret euch nicht, Gott läßt sich nicht spotten. Denn was der Mensch säet, das wird er ernten.

1. Auch im Lande Kanaan war die Noth sehr groß. Als Jakob hörte, daß in Egypten Getreide feil sei, sprach er zu seinen Söhnen: „Ziehet hinab und kaufet uns Getreide, daß wir nicht sterben." Die zehn Brüder reisten nach Egypten; Benjamin aber ließ Jakob nicht mitziehen, denn er sprach: „Es möchte ihm ein Unfall begegnen."

Als sie zu Joseph kamen, fielen sie vor ihm nieder als vor einem vornehmen egyptischen Herrn, denn sie erkannten ihn nicht. Er aber erkannte sie sogleich und gedachte an seine Träume. Doch stellte er sich fremd und hart gegen sie und redete mit ihnen auf egyptisch durch einen Dolmetscher: „Wo kommt ihr her?" Sie sprachen: „Aus dem Lande Kanaan. Wir sind gekommen, Speise zu kaufen." Joseph sprach: „Kundschafter seid ihr! Ihr wollt sehen, wo das Land offen ist." Sie antworteten: „Nein, mein Herr, wir sind nie Kundschafter gewesen. Wir sind redliche Leute, zwölf Brüder, alle eines Mannes Söhne; der jüngste ist noch bei seinem Vater, einer ist nicht mehr vorhanden." Joseph sprach: „Daran will ich euch prüfen, ob ihr die Wahrheit saget. Sendet einen von euch, daß er euren jüngsten Bruder hole; ihr andern bleibet gefangen zurück."

2. Hierauf ließ er sie in ein Gefängniß führen und drei Tage lang verwahren. Am dritten Tage ließ er sie wieder vor sich kommen und sprach: „Ich fürchte Gott und will niemand Unrecht thun. Lasset einen von euch im Gefängniß zurück. Ihr andern ziehet hin und bringet heim, was ihr gekauft habt. Aber euren jüngsten Bruder bringet mit, sonst müßt ihr sterben, wann ihr wieder kommt."

Da sagten die Brüder zu einander auf hebräisch: „**Das haben wir an unserem Bruder verschuldet, da wir sahen die Angst seiner Seele, da er uns anflehte, und wir wollten ihn nicht erhören. Nun wird sein Blut von uns gefordert.**" Sie wußten aber nicht, daß es Joseph verstand, der sich bei diesen Worten wegwandte und weinte.

3. Hernach ließ er den **Simeon** vor ihren Augen binden und in's Gefänitß zurückführen; die andern zogen heim. Als sie zu Hause ihre Säcke ausschütteten, fand jeder sein Geld, das ihnen Joseph hatte heimlich wieder zustellen lassen.

Als aber der alte Vater alle diese Dinge hörte, wurde er sehr traurig und sprach: „Ihr beraubet mich meiner Kinder! Joseph ist nicht mehr vorhanden! Simeon ist nicht mehr vorhanden! Benjamin wollt ihr auch hinnehmen! Es geht alles über mich! Mein Sohn soll nicht mit euch hinabziehen."

Ps. 90, 8. Denn unsere Missethat stellest du vor dich; unsere unerkannte Sünde in das Licht vor deinem Angesicht.

17.
Zweite Reise der Brüder Josephs nach Egypten.
(1. Mos. 43—45.)

1. Petr. 3, 9. Vergeltet nicht Böses mit Bösem, oder Scheltwort mit Scheltwort; sondern dagegen segnet.

1. Die Theuerung drückte aber noch immer das Land. Da nun das Getreide aus Egypten verzehrt war, sprach Jakob zu seinen Söhnen: „Ziehet wieder hin und kaufet uns Speise." Sie aber wollten nicht ohne Benjamin, aus Furcht vor dem Manne, der mit harten Worten gesagt hatte: „Ihr sollt mein Angesicht nicht sehen, euer Bruder sei denn mit euch." Jakob aber wollte es nicht zugeben. Erst als Juda sprach: „Laß den Knaben mitziehen. Ich will Bürge für ihn sein; von meinen Händen sollst du ihn fordern;" da gab es Jakob zu und sprach: „Muß es denn also sein, so thut es, und nehmt von des Landes besten Früchten und bringt dem Manne Geschenke. Auch das Geld nehmt wieder mit, vielleicht ist ein Irrthum da geschehen. Aber der allmächtige Gott gebe euch Barmherzigkeit vor dem Manne, daß er euch lasse euern andern Bruder, und Benjamin. Ich aber muß sein wie einer, der seiner Kinder gar beraubt ist."

2. Da nahmen sie die Geschenke und Benjamin und zogen nach Egypten. Als Joseph sie sah, ließ er ihnen ein Essen zurichten in seinem Haus; ließ auch den Simeon aus dem Gefängniß holen und zu seinen Brüdern führen. Darnach trat Joseph zu ihnen, grüßte sie freundlich und sprach: „Geht es eurem alten Vater wohl? Lebt er noch?" Da er seinen Bruder Benjamin sah, sprach er: „Ist das euer jüngster Bruder? Gott sei dir gnädig, mein Sohn!" Er konnte nicht weiter reden. Sein Herz entbrannte gegen seinen Bruder; er ging in seine Kammer und weinte. Und nachdem er sein Gesicht gewaschen hatte, ging er wieder heraus und hielt sich fest, setzte sich mit ihnen zu Tisch und aß mit ihnen. Die Brüder wunderten sich aber nicht wenig, als sie sahen, daß sie nach ihrem Alter gesetzt waren.

3. Und Joseph befahl heimlich seinem Haushalter: „Fülle die Säcke dieser Männer mit Getreide und lege jedem

sein Geld oben in den Sack; meinen silbernen **Becher** lege aber in den Sack des Jüngsten." — Der that also. Und des Morgens, da es licht ward, zogen die Brüder von dannen. Sie waren noch nicht weit gekommen, da eilte ihnen Josephs Haushalter nach und sprach zu ihnen: „Warum habt ihr Gutes mit Bösem vergolten? Ihr habt den Becher meines Herrn gestohlen!" Sie antworteten: „Warum redet mein Herr solche Worte? Es sei ferne von deinen Knechten, ein solches zu thun. Bei welchem der Becher gefunden wird, der sei des Todes und wir wollen alle deines Herrn Knechte sein!" Und jeder legte seinen Sack auf die Erde und that ihn auf. Und er suchte und fing an beim Aeltesten bis zum Jüngsten, da fand sich der Becher in Benjamin's Sack. Da zerrissen sie ihre Kleider und zogen wieder zurück in die Stadt, gingen in Josephs Haus und fielen vor ihm nieder. Joseph aber sprach: „Wie habt ihr das thun dürfen?" Juda sprach: „Was sollen wir sagen? Wie können wir uns rechtfertigen? Siehe, wir alle, und der, bei welchem der Becher gefunden wurde, sind deine Knechte!" Da sprach Joseph: „Das sei ferne von mir!" Der, bei welchem der Becher gefunden wurde, sei mein Knecht. Ihr aber ziehet hinauf mit Frieden zu eurem Vater!" Juda aber sprach: „Mein Herr, wenn wir nun heimkämen und Benjamin wäre nicht mit uns, so würden wir die grauen Haare unseres Vaters mit Herzeleid in die Grube bringen. Ich bin Bürge geworden für den Knaben. Darum laß mich hier bleiben als dein Knecht, den Knaben aber laß mit seinen Brüdern heimziehen."

4. Da konnte sich Joseph nicht länger halten; er weinte laut und sprach zu seinen Brüdern: „Ich bin Joseph! Lebt mein Vater noch?" Und seine Brüder konnten ihm nicht antworten, so erschraken sie vor ihm. Er aber hieß sie näher herzutreten und sprach: „Ich bin Joseph, euer Bruder, den ihr nach Egypten verkauft habt. Und nun bekümmert euch nicht, und denket nicht, daß ich darum zürne! Denn um eures Lebens willen hat mich Gott vor euch hergesandt! Eilt nun und ziehet hinauf zu meinem Vater und verkündigt ihm alle meine Herrlichkeit in Egypten und sagt ihm: „Das läßt dir **Joseph**, dein Sohn sagen: Komm herab zu

mir und säume nicht, du sollst bei mir wohnen!" Und er fiel seinem Bruder Benjamin um den Hals und weinte, und küßte ihn und alle seine Brüder.

Matth. 6, 12. 14. Vergib uns unsere Schulden, wie wir unsern Schuldigern vergeben. — Denn so ihr den Menschen ihre Fehler vergebet, so wird euch euer himmlischer Vater auch vergeben.

> Gott ist ein Gott der Liebe,
> Ein Freund der Einigkeit;
> Er will, daß man sich übe
> In dem, was wirket Freud
> Und Fried in einem Sinn,
> Der Zwistigkeit absage,
> Sich brüderlich vertrage,
> In Sanftmuth immerhin.

18.
Jakob zieht nach Egypten.
(1. Mos. 45—50.)

Spr. Sal. 15, 20. Ein weiser Sohn erfreuet den Vater.

1. Joseph gab seinen Brüdern Geschenke mit auf den Weg und Wagen, um seinen Vater Jakob mit all seiner Habe nach Egypten zu bringen. Beim Abschied sprach er zu ihnen: „Zanket nicht auf dem Wege!" Froh zogen die Elfe nach Kanaan hinauf. Als sie heimkamen, riefen sie ihrem Vater zu: „Joseph lebt noch und ist ein Herr im ganzen Egyptenland." Aber das Herz Jakobs blieb kalt, denn er glaubte ihnen nicht. Als sie ihm aber alle Worte Josephs erzählten, und er die Wagen sah, die ihm Joseph gesandt hatte, da ward der Geist Jakobs lebendig, und er sprach: „Ich habe genug, daß mein Sohn Joseph noch lebt. Ich will hin und ihn sehen, ehe ich sterbe."

Und Jakob zog mit seinen Kindern und Enkeln, sechsundsechzig an der Zahl, und mit all' seiner Habe, mit seinen Knechten und Mägden hinab nach Egypten.

2. Joseph aber stieg auf einen Wagen und fuhr seinem Vater entgegen. Und da er ihn sah, fiel er ihm um den

Hals und weinte lange an seinem Halse. Und Jakob sprach zu Joseph: „Ich will nun gerne sterben, nachdem ich dein Angesicht gesehen habe, daß du noch lebst."

Auch dem Pharao stellte Joseph seinen Vater Jakob vor. „Wie alt bist du?" fragte ihn der König. Jakob antwortete: „Die Zeit meiner Wallfahrt ist hundertunddreißig Jahre. Wenig und böse ist die Zeit meines Lebens gewesen, und langt nicht an die Zeit meiner Väter in ihrer Wallfahrt." Und Jakob segnete Pharao.

3. Noch siebzehn Jahre lebte Jakob in Egypten, im Lande Gosen. Als sein Ende nahe war, kam Joseph mit seinen beiden Söhnen Ephraim und Manasse, den alten Vater zu besuchen.

Und Jakob bat Joseph, daß er ihn nicht in Egypten begrabe, sondern in dem Erbbegräbniß seiner Väter bei Hebron. Hierauf segnete er Josephs Söhne und stellte sie seinen eigenen Söhnen gleich. Zu Joseph sprach er: „Siehe, ich sterbe, aber Gott wird mit euch sein und wird euch wieder bringen in das Land eurer Väter."

4. Hierauf rief Jakob auch seine anderen Söhne an sein Sterbelager und gab jedem einen besonderen Segen. Nachdem er alle seine Söhne gesegnet hatte, legte er sich zurück und verschied. Und Joseph fiel auf seines Vaters Angesicht und weinte über ihn und küßte ihn.

Nach seinem Tode führten Joseph und seine Brüder die Leiche ihres Vaters in das Land Kanaan zu dem Erbbegräbniß Abrahams in der Höhle Machpellah. Viele der vornehmsten Egypter mit einer Menge von Wagen und Reitern begleiteten sie.

5. Als sie aber nach Egypten zurückkamen, fürchteten sich Josephs Brüder. Sie dachten, jetzt werde Joseph ihnen ihre Bosheit, die sie an ihm begangen hatten, vergelten. Aber Joseph sprach zu ihnen: „Fürchtet euch nicht, denn ich bin unter Gott. Ihr gedachtet es böse mit mir zu machen, aber Gott gedachte es gut zu machen, daß er that, wie es jetzt am Tage ist, zu erhalten viel Volks. Ich will euch versorgen und eure Kinder."

So lebte Joseph mit seinen Brüdern in Egypten und sah Enkel und Urenkel. Und Joseph sprach zu seinen Brüdern:

„Gott wird euch aus diesem Lande führen in das Land, das er Abraham, Isaak und Jakob verheißen hat. Wenn euch nun Gott zurückbringen wird, so nehmet meine Gebeine mit nach Kanaan." Und Joseph starb, da er hundertundzehn Jahre alt war.

Jes. 46, 4. Ich will euch tragen bis ins Alter, und bis ihr grau werdet. Ich will es thun, ich will heben und tragen und erretten.

   Wie Gott mich führt, so will ich geh'n
   Ohn' alles eigene Wählen.
   Geschieht, was er mir ausersehn,
   Wird's mir an keinem fehlen.
   Wie er mich führt, so folg ich nach,
   Auch unter Weh und Ungemach,
   In kindlichem Vertrauen.

III. Das auserwählte Volk.

a. Israel im Diensthause und auf der Wanderung.

(1500 Jahre vor Christus.)

19.
Moses Geburt und Jugend.
(2. Mos. 1. 2.)

Jes. 8, 10. Beschließt einen Rath und es werde nichts daraus; beredet euch, und es bestehe nicht; denn hier ist Immanuel.

1. Als nun Joseph gestorben war, und alle seine Brüder, vermehrten sich die Kinder Israels sehr. Da kam ein neuer König auf in Egypten, der wußte nichts von Joseph und sprach zu seinem Volk: „Siehe, der Kinder Israels sind mehr denn wir. Wohlan, wir wollen sie mit List dämpfen, daß ihrer nicht so viel werden; denn wo sich ein Krieg erhöbe, möchten sie sich zu unseren Feinden schlagen und wider uns streiten." Und man setzte Frohnvögte über sie, die sie mit schweren Diensten drücken sollten. Aber je mehr sie das Volk drückten, um so mehr wuchs es und breitete sich aus. Da gebot Pharao seinem Volk und sprach: „Alle Söhne der Hebräer*), die geboren werden, werft ins Wasser, und alle Töchter laßt leben."

---

*) Die Nachkommen Jakobs, oder Israels heißen: „Israeliten," „Hebräer," und „Juden." — Nach den 12 Söhnen Jakobs wurde das Volk, in 12 Stämme eingetheilt, also: der Stamm Ruben, der Stamm Simeon u. s. w. Einen Stamm Joseph gab's nicht, dafür aber, nach den beiden Söhnen Josephs einen Stamm: Ephraim und Manasse.

2. Um diese Zeit gebar ein israelitisches Weib aus dem Stamme Levi ein Knäblein, und verbarg es drei Monate. Und da sie es nicht länger verbergen konnte, machte sie ein Kästlein von Rohr, verklebte es mit Thon und Pech und legte das Kind darein und trug es in das Schilf am Ufer des Wassers (Nil). Aber seine Schwester stand von ferne, um zu erfahren, wie es ihm gehen würde. —

3. Und die Tochter Pharaos kam und wollte baden im Nil; als sie das Kästlein im Schilf sah, sandte sie ihre Magd hin und ließ es holen. Und da sie es aufthat, sah sie das Kind, und siehe, das Knäblein weinte. Da jammerte es sie und sprach: "Es ist der hebräischen Kindlein eins!" Da sprach des Knäbleins Schwester zur Tochter Pharaos: "Soll ich der hebräischen Weiber eine rufen, daß sie das Kind aufziehe?" Die Tochter Pharaos sprach: "Ja, gehe hin!" Sie ging und rief des Kindes Mutter. Da sprach Pharaos Tochter zu ihr: "Nimm hin das Kindlein und pflege mir's; ich will dir's lohnen." Das Weib nahm das Kind und pflegte es. Und da das Kind groß ward, brachte sie es der Tochter Pharaos, und es ward ihr Sohn, und sie hieß ihn M o s e s, denn sie sprach: "Ich habe ihn aus dem Wasser gezogen."

Ps. 91, 11. Er hat seinen Engeln befohlen über dir, daß sie dich behüten auf allen deinen Wegen.

An Mitteln und an Wegen
Fehlt dir's, Allweiser, nicht;
Dein Thun ist lauter Segen,
Dein Thun ist lauter Licht.
Dein Werk kann niemand hindern,
Wenn du entschlossen bist,
Zu thun, was deinen Kindern
Wahrhaftig nützlich ist.

20.
Moses Flucht und Berufung.
(2. Mos. 2. 3. 4.)

1. Cor. 7, 17. Ein jeglicher, wie ihn der Herr berufen hat, so wandle er.

1. Als Moses 40 Jahre alt war, ging er aus zu seinen Brüdern, und er sah ihre Last und ward gewahr, daß ein

Egypter einen Hebräer schlug. Moses wandte sich hin und her, und da er sah, daß kein Mensch da war, erschlug er den Egypter und verscharrte ihn in den Sand. — Auf einen andern Tag ging er aus und sah zwei hebräische Männer sich mit einander zanken, und sprach zu dem Ungerechten: „Warum schlägst du deinen Nächsten?" Er aber sprach: „Wer hat dich zum Obersten oder Richter über uns gesetzt? Willst du mich auch erwürgen, wie du den Egypter erwürgt hast?" Da fürchtete sich Moses und sprach: „Wie ist das laut geworden?" Und es kam auch vor Pharao, der trachtete nach Moses, daß er ihn erwürge. Aber Moses floh vor Pharao in das Land Midian und wohnte bei einem Priester, Jethro mit Namen. Dieser gab ihm seine Tochter Zipora zum Weibe. — Daselbst blieb Moses 40 Jahre.

2. Moses aber hütete die Schafe Jethros, und kam mit ihnen weiter hinein in die Wüste an den Berg Gottes Horeb. Und der Engel des Herrn erschien ihm in einer feurigen Flamme aus dem Busch. Und er sah, daß der Busch mit Feuer brannte und ward doch nicht verzehrt. Als er hinging, es zu besehen, rief Gott aus dem Busch und sprach: „Moses, Moses!" Er antwortete: „Hier bin ich." Gott sprach: „Ziehe deine Schuhe aus, denn der Ort, da du stehst, ist heiliges Land. Ich bin der Gott Abrahams, Isaaks und Jakobs. Ich habe das Elend meines Volkes in Egypten gesehen, und will es nun erretten aus der Egypter Hand und in ein Land führen, darinnen Milch und Honig fließt. So gehe nun hin, ich will dich zu Pharao senden, daß du mein Volk aus Egypten führest." Moses sprach: „Wer bin ich, daß ich zu Pharao gehe und führe die Kinder Israels aus Egypten?" Gott sprach: „Ich will mit dir sein!" Moses antwortete: „Wenn ich ihnen sage: Der Gott eurer Väter hat mich gesandt, und sie mich fragen: wie heißt sein Name? was soll ich ihnen sagen?" Der Herr sprach: „Du sollst ihnen sagen: Ich werde sein, der ich sein werde (der Ewige, Unveränderliche, d. i. Jehova), der hat mich zu euch gesandt." Da aber Moses noch immer zweifelte, ob ihm sein Volk glauben werde, gab ihm Gott die Macht, wunderbare Zeichen zu thun, und sprach: „Wenn sie das sehen werden, so werden sie dir glauben." Moses aber

sprach: „Ach, mein Herr, ich bin von jeher nicht wohl beredt gewesen und habe eine schwere Zunge." Da sprach Gott: „Wer hat den Mund geschaffen? Oder wer hat den Stummen, oder Tauben, oder Sehenden, oder Blinden gemacht? Habe nicht ich es gethan, der Herr? So gehe nun hin, ich will dich lehren, was du sagen sollst." Moses aber sprach: „Mein Herr, sende, wen du senden willst." Da ward der Herr sehr zornig über Moses und sprach: „Weiß ich denn nicht, daß dein Bruder Aaron beredt ist? Er soll für dich zum Volk reden!"

3. Moses nahm nun Abschied von Jethro und zog mit seinem Weibe und seinen beiden Söhnen Gerson und Elieser zurück nach Egypten. Sein Bruder Aaron kam ihm entgegen, und Moses sagte ihm alle Worte, die der Herr mit ihm geredet hatte. Und sie gingen hin und versammelten die Aeltesten von Israel. Und Aaron redete zu ihnen alle Worte, die der Herr mit Moses geredet hatte, und that die wunderbaren Zeichen vor dem Volk. Und das Volk glaubte, und da sie hörten, daß der Herr ihr Elend mit angesehen hatte, neigten sie sich und beteten ihn an.

Jes. 6, 3. Heilig, heilig, heilig ist der Herr Zebaoth, alle Lande sind seiner Ehre voll.

Pf. 94, 14. 15. Der Herr wird sein Volk nicht verstoßen, noch sein Erbe verlassen. Denn Recht muß doch Recht bleiben, und dem werden alle fromme Herzen zufallen.

Gott ist getreu!
Sein Herz, sein Vaterherz
Verläßt die Seinen nie.
Gott ist getreu!
Im Wohlsein und im Schmerz
Erfreut und trägt er sie.
Mich decket seiner Allmacht Flügel;
Stürzt ein, ihr Berge, fallt ihr Hügel!
Gott ist getreu!

21.
Moses vor Pharao; Auszug aus Egypten.
(2. Mos. 5—15.)

Pf. 95, 7. 8. Heute, so ihr Gottes Stimme höret, so verstocket euer Herz nicht.

1. Darnach gingen Moses und Aaron zu Pharao und sprachen: „So sagt der Herr, der Gott Israels: Laß mein

Volk ziehen, daß es mir ein Fest halte in der Wüste." Pharao sprach: "Wer ist denn der Herr, dessen Stimme ich hören müsse? Ich weiß nichts von dem Herrn, will auch Israel nicht ziehen lasse." Und Pharao befahl desselben Tages den Vögten des Volkes: "Man drücke die Leute mit Arbeit, daß sie sich nicht kehren an falsche Rede." Und da sich die Kinder Israel bei Pharao beklagten, sprach er: "Ihr seid müßig, müßig seid ihr. So gehet nun hin und arbeitet." Da sprach Moses zu Gott: "Warum thust du so übel an diesem Volk? Du hast dein Volk nicht errettet." Der Herr sprach: "Nun sollst du sehen, was ich Pharao thun werde. Und die Egypter sollen es inne werden, daß ich der Herr bin."

2. Und der Herr ließ nun durch Moses und Aaron zehn schwere Plagen über Egypten kommen. Das Wasser des Nil wurde in Blut verwandelt, das Land ward voller Frösche, und Menschen und Vieh voller Läuse; dann kam noch anders Ungeziefer; auch Pestilenz und Blattern an Menschen und Vieh. Hagel verheerte das Feld, und Heuschrecken fraßen alles Getreide. Auch eine dicke Finsterniß kam über ganz Egyptenland drei Tage lang, daß niemand den andern sah. Aber das Land Gosen, wo die Israeliten wohnten, blieb von allen Plagen verschont.

Pharaos Herz blieb aber verstockt und er ließ die Kinder Israel nicht aus seinem Lande ziehen. Da sprach der Herr zu Moses: "Ich will jetzt noch eine Plage kommen lassen, dann wird euch Pharao ziehen lassen." Und Gott sprach weiter: "Sage der ganzen Gemeinde Israel: Am zehnten Tag dieses Monates nehme jeder Hausvater ein fehlerloses Lamm und schlachte es des Abends und bestreiche mit dem Blute die Thürpfosten und die Oberschwelle seines Hauses; denn ich will in derselben Nacht durch Egyptenland gehen und alle Erstgeburt schlagen, beides, unter Menschen und Vieh. Das Blut aber an euren Häusern wird mir ein Zeichen sein, daß ich an euch vorübergehe und die Plage euch nicht treffe. Das Fleisch des Lammes aber sollt ihr in derselbigen Nacht essen und ungesäuert Brod. Um eure Lenden sollt ihr gegürtet sein, und eure Schuhe an den Füßen haben und Stäbe in euren Händen, wie solche, die hinweg eilen." Und die Kinder Israel gingen hin und thaten, wie der Herr geboten hatte.

3. Und zur Mitternacht schlug der Herr alle Erstgeburt in Egyptenland. Da ward ein großes Geschrei, denn es war kein Haus, worin nicht ein Todter war. Und Pharao forderte Moses und Aaron in der Nacht und sprach: „Machet euch auf und ziehet aus von meinem Volk; gehet hin und dienet dem Herrn, wie ihr gesagt habt." Und die Egypter trieben das Volk eilends aus dem Land, denn sie sprachen: „Wir sind sonst alle des Todes." — So zogen denn die Kinder Israel aus, 600,000 Mann zu Fuß, ohne die Kinder. Der Herr aber zog vor dem Volke her, des Tags in einer Wolkensäule, und des Nachts in einer Feuersäule.

4. Und da es dem König ward angesagt, daß das Volk geflohen war, gereute es ihn, daß er Israel aus seinem Dienst gelassen hatte. Und er nahm sein Volk und 600 Streitwagen und jagte den Kindern Israel nach, und ereilte sie, da sie sich gelagert hatten am rothen Meere. Da fürchteten sich die Kinder Israel sehr; Moses aber sprach zum Volke: „Fürchtet euch nicht. Der Herr wird für euch streiten." Auf des Herrn Befehl hob Moses seinen Stab auf und reckte die Hand übers Meer, — und siehe, da fuhr ein starker Ostwind die ganze Nacht über das Meer, die Wasser theilten sich von einander und das Meer ward trocken. Die Kinder Israel gingen hinein, mitten in's Meer auf dem Trocknen und das Wasser ward ihnen zu Mauern, zur Rechten und zur Linken. — Die Egypter aber eilten ihnen nach; da kam das Wasser wieder in seinen Strom und bedeckte der Egypter Wagen und Reiter, daß nicht einer von ihnen übrig blieb. —

Also half der Herr an dem Tage Israel von der Hand der Egypter. Da sangen Moses und die Kinder Israels ein Loblied, worin es heißt (2. Mos. 15, 1—21):

Ich will dem Herrn singen, denn er hat eine herrliche That
gethan!
Roß und Wagen hat er in's Meer gestürzt.
Der Herr ist meine Stärke und Lobgesang, und ist mein
Heil!

Er ist mein Gott, ich will ihn preisen;
Er ist meines Vaters Gott, ich will ihn erheben.
Der Herr ist der rechte Kriegsmann;
Herr ist sein Name.

Ps. 68, 21. Wir haben einen Gott, der da hilft, und den Herrn Herrn, der vom Tode errettet.

Ps. 77, 20. 21. Dein Weg war im Meer und dein Pfad in großen Wassern. Du führtest dein Volk wie eine Herde Schafe durch Moses und Aaron.

Lobe den Herrn, der alles so herrlich regieret,
Der dich auf Adlers Fittigen sicher geführet,
Der dich erhält, wie es dir selber gefällt;
Hast du nicht dieses verspüret?

————

22.
Der Zug durch die Wüste bis zum Berge Sinai.
(2. Mos. 16—17.)

Ps. 23, 1. Der Herr ist mein Hirte, mir wird nichts mangeln.

1. Der Weg von Egypten bis zum Lande Kanaan führt durch die Wüste Paran. Da fanden die Kinder Israel gar bald keine Quellen mehr, daraus zu trinken. Nach drei Tagen kamen sie zu der Quelle zu Mara; aber sie konnten das Wasser nicht trinken, denn es war sehr bitter. Da murrte das Volk wider Moses und sprach: „Was sollen wir trinken?" Er schrie zu dem Herrn und der Herr wies ihm einen Baum an, den that er in's Wasser, da ward es süß. Ein andermal murrte das Volk gegen seinen Führer, weil es weder Fleisch noch Brod hatte und sprachen: „Wollte Gott, wir wären in Egypten gestorben, da wir bei den Fleischtöpfen saßen und hatten die Fülle Brodes zu essen; ihr habt uns in die Wüste geführt, daß ihr uns Hungers sterben lasset." Da ließ der Herr durch Moses dem Volke verkündigen: „Am Abend sollt ihr Fleisch zu essen haben und am Morgen Brodes satt werden; ihr sollt inne werden, daß ich der Herr, euer Gott bin." Am Abend kamen Wachteln heraus und bedeckten das Heer. Und am Morgen, als der Tau weg

war, siehe, da lag's in der Wüste rund und klein, wie der Reif auf dem Lande. Und Moses sprach: „Das ist das Brod, das euch der Herr zu essen gegeben hat." Und da die Kinder Israels es sahen, nannten sie das Brod „Manna." Jeder sammelte täglich davon, so viel er essen mochte.

2. Bald fehlte es wieder an Wasser und sie zankten mit Moses und sprachen: „Gebet uns Wasser." Moses sprach zu dem Herrn: „Wie soll ich mit dem Volke thun? Es fehlt nicht viel, sie werden mich noch steinigen." Der Herr sprach: „Nimm deinen Stab in die Hand; ich will dir einen Fels zeigen in Horeb, an den sollst du schlagen, so wird Wasser herauslaufen, daß das Volk trinken kann." Und Moses that also und sie hatten Wassers die Fülle.

Matth. 6, 31. 32. Darum sollt ihr nicht sorgen und sagen: Was werden wir essen? Was werden wir trinken? Womit werden wir uns kleiden? Nach solchem allem trachten die Heiden. Euer himmlischer Vater weiß, daß ihr das alles bedürfet.

> Warum willst du noch für morgen,
> Armes Herz, immerwärts
> Als ein Heide sorgen?
> Wozu dient dein täglich Grämen,
> Da Gott will, in der Still,
> Sich der Noth annehmen.

23.
Die Gesetzgebung auf Sinai.
(2. Mos. 19—24.

Micha 6, 8. Es ist dir gesagt Mensch, was gut ist, und was der Herr, dein Gott, von dir fordert.

1. Im dritten Monat nach dem Auszug der Kinder Israel aus Egypten kamen sie in die Wüste Sinai und lagerten sich daselbst am Berge Sinai. Und Moses stieg auf den Berg. Da rief ihm der Herr und sprach: „So sollst du sagen zu dem Hause Jakobs: „Ihr habt gesehen, was ich den Egyptern gethan habe und wie ich euch getragen habe auf Adlers Flügeln, und habe euch zu mir gebracht.

Werdet ihr nun meiner Stimme gehorchen und meinen Bund halten, so sollt ihr mein Eigenthum sein vor allen Völkern; denn die ganze Erde ist mein; und ihr sollt mir ein priesterliches Königreich und ein heiliges Volk sein." Und Moses legte alle diese Worte den Aeltesten des Volkes vor. Und alles Volk antwortete: „Alles, was der Herr geredet hat, wollen wir thun." Da gebot der Herr Moses: „Heilige das Volk heute und morgen, laß sie ihre Kleider waschen, daß sie bereit seien auf den dritten Tag, denn da wird der Herr vor allem Volk herabfahren auf den Berg Sinai. Und mache ein Gehege um den Berg, daß ihn niemand besteige, noch anrühre."

2. Als nun der dritte Tag kam, da erhob sich ein Donnern und Blitzen, und eine dicke Wolke auf dem Berge, und der Ton einer sehr starken Posaune. Das ganze Volk aber, das im Lager war, erschrack. Und Moses führte das Volk aus dem Lager, Gott entgegen, und sie traten unten an den Berg. Und Gott redete alle diese Worte:

Ich bin der Herr, dein Gott, der ich dich aus Egyptenland, aus dem Diensthause geführt habe; du sollst keine andern Götter neben mir haben.

Du sollst dir kein Bildniß, noch irgend ein Gleichniß machen, weder deß, das oben im Himmel, noch deß, das unten auf Erden, oder deß, das im Wasser unter der Erde ist. Bete sie nicht an und diene ihnen nicht. Denn ich, der Herr, dein Gott, bin ein eifriger Gott, der da heimsucht der Väter Missethat an den Kindern bis in das dritte und vierte Glied derer, die mich hassen. Und thue Barmherzigkeit an vielen Tausenden, die mich lieb haben und meine Gebote halten.

Du sollst den Namen des Herrn, deines Gottes, nicht mißbrauchen; denn der Herr wird den nicht ungestraft lassen, der seinen Namen mißbraucht.

Gedenke des Sabbathtages, daß du ihn heiligest. Sechs Tage sollst du arbeiten und alle deine Werke thun. Aber am siebenten Tag ist der Sabbath des Herrn, deines Gottes; da sollst du kein Werk thun, noch dein Sohn, noch deine Tochter, noch dein Knecht, noch deine Magd, noch dein Vieh, noch dein Fremdling, der in deinen Thoren ist. Denn in sechs Tagen hat der Herr Himmel und Erde gemacht und das

Meer und alles, was darinnen ist, und ruhete am siebenten Tag. Darum segnete der Herr den Sabbathtag und heiligte ihn.

Du sollst deinen Vater und deine Mutter ehren, auf daß du lange lebest im Lande, das dir der Herr, dein Gott, gibt.

Du sollst nicht tödten.

Du sollst nicht ehebrechen.

Du sollst nicht stehlen.

Du sollst kein falsches Zeugniß reden wider deinen Nächsten.

Laß dich nicht gelüsten deines Nächsten Hauses. Laß dich nicht gelüsten deines Nächsten Weibes, noch seines Knechtes, noch seiner Magd, noch seines Ochsen, noch seines Esels, noch alles, das dein Nächster hat.

3. Da aber das Volk den Blitz sah und hörte den Donner und sah den Berg rauchen, erschrak es und floh und sprach zu Moses: „Rede du mit uns und laß Gott nicht mit uns reden, wir möchten sonst sterben. Alles, was Gott mit dir reden wird, das wollen wir hören und thun." Da opferte Moses und besprengte das Volk mit dem Blute und sprach: „Sehet, das ist das Blut des Bundes, den der Herr mit euch macht über allen diesen Worten." Dann ging Moses auf den Berg und blieb daselbst vierzig Tage und vierzig Nächte. Und Gott gab ihm zwei steinerne Tafeln; darauf stand geschrieben das Gesetz Gottes.

Röm. 7, 12. Das Gesetz ist je heilig, und das Gebot ist heilig recht und gut.

Zeige, Herr, mir deine Wege,
Mach mir deinen Rath bekannt,
Daß ich treulich folgen möge,
Jedem Winke deiner Hand.
Leit in deine Wahrheit mich,
Führe mich auf rechtem Pfade;
Gott, mein Heil, ich suche dich,
Harre täglich deiner Gnade.

24.
Das goldene Kalb.
(2. Mos. 32—34.)

Jes. 40, 18. Wem wollt ihr denn Gott nachbilden, oder was für ein Gleichniß wollt ihr ihm zurichten?

1. Da aber Moses so lange auf dem Berge blieb, sprach das Volk zu Aaron: "Auf, mache uns Götter, die vor uns hergehen. Denn wir wissen nicht, was diesem Moses widerfahren ist." Aaron sprach: "Reißet ab die goldenen Ohrringe eurer Weiber, Söhne und Töchter und bringt sie zu mir." Und Aaron nahm das Gold und machte daraus ein gegossenes Kalb. Und sie sprachen: "Das sind deine Götter, Israel, die dich aus Egyptenland geführt haben." Und sie opferten dem goldenen Kalb, aßen und tranken, spielten und tanzten.

2. Der Herr aber sprach zu Moses: "Gehe, steige hinab! Denn dein Volk hat gesündigt. Sie sind schnell vom Wege getreten, den ich ihnen geboten habe. Ich sehe, daß es ein halsstarriges Volk ist. Und nun laß mich, daß mein Zorn über sie ergrimme und sie verzehre." Da flehte Moses zum Herrn und sprach: "Ach, Herr, sei gnädig über die Bosheit deines Volkes, das du mit starker Hand aus Egyptenland geführt hast." Und Moses wandte sich und stieg vom Berge und hatte die zwei Tafeln des Gesetzes in seiner Hand. Als er aber nahe zum Lager kam und das Kalb sah und wie sie um dasselbe sangen und tanzten, ergrimmte er; und er warf die Tafeln aus seiner Hand und zerbrach sie. Und er nahm das Kalb, verbrannte es und zermalmte es zu Pulver, streute es auf's Wasser und gab's den Kindern Israel zu trinken.

3. Des andern Morgens stieg Moses abermals auf den Berg. Da kam der Herr hernieder in einer Wolke und Moses rief: "Herr, Herr Gott, barmherzig und gnädig, und geduldig, und von großer Gnade und Treue. Der du beweisest Gnade in tausend Glied, und vergibst Missethat, Uebertretung und Sünde, und vor welchem niemand unschuldig ist." Und Moses war allda bei dem Herrn vierzig Tage

und vierzig Nächte; und er empfing zwei andere Tafeln des Gesetzes und brachte sie hinab zu den Kindern Israel.

Matth. 4, 10. Du sollst anbeten Gott, deinen Herrn und ihm allein dienen.

Du bist's allein! Drum sei die Ehre dein!
Von allen Zungen soll dein Lob erschallen,
In allen Herzen deine Liebe wallen,
Dein Name unsere Kron' und Ehre sein!
Du bist's allein!

25.
Gottesdienstliche Einrichtungen.
(2. Mos. 25—31. 3. Mos. 1—27.)

2. Mos. 19, 6. Ihr sollt mir ein heiliges Volk sein.

1. Nachdem die zehn Gebote gegeben waren, befahl Gott durch Moses' Mund, ihm ein Heiligthum zu bauen, worin er unter seinem Volke wohnen könnte. Das Volk brachte freiwillig Gold, Silber, Erz, Holz, Seide und Edelsteine, mehr als noth war. Die Weiber webten kostbare Stoffe, und geschickte Männer verfertigten nach dem Vorbilde, das Gott Moses gezeigt hatte, die **Stiftshütte**, das aus Holzbalken und Teppichen hergestellte tragbare Zelt, die Wohnung Gottes. Die Stiftshütte bestand aus dem **Allerheiligsten** und dem **Heiligen**. Das Allerheiligste war durch einen **Vorhang** vom Heiligen getrennt und enthielt die **Bundeslade**, in welcher die Gesetzestafeln lagen. Ihr Deckel, auf welchem zwei Cherubine mit ausgebreiteten Flügeln standen, war von reinem Gold und hieß der **Gnadenstuhl**. In dem Heiligen stand der **Räucheraltar**, worauf alle Morgen das Räucheropfer angezündet wurde; rechts davon stand ein **goldener Leuchter** mit sieben Armen und links stand ein vergoldeter Tisch mit zwölf **Schaubroden**. — Der Raum um die Stiftshütte war unbedeckt und hieß der **Vorhof**. Hier stand der **Brandopferaltar** und das **eherne Waschbecken** für die Priester.

2. Zum Dienste in der Stiftshütte, später im Tempel, bestimmte Gott den ganzen Stamm **Levi**. Aaron und

seine Nachkommen sollten Priester, einer aber derselben sollte **Hoheprieſter** sein. Der Hohepriester war mit einem koſtbaren Kleide angethan und durfte nur **einmal** im Jahre, nämlich am großen Verſöhnungstage, das Allerheiligſte betreten, um das Volk mit Gott zu verſöhnen. Die Prieſter beſorgten die Opfer, die übrigen Leviten dienten ihnen dabei. Der Segen, welchen die Prieſter über das Volk ſprachen, lautete: „**Der Herr ſegne dich und behüte dich! Der Herr laſſe ſein Angeſicht leuchten über dir und ſei dir gnädig! Der Herr erhebe ſein Angeſicht über dich und gebe dir Frieden!**" (4. Moſ. 6, 22—26.)

3. Auch gebot der Herr den Kindern Israel, wie ſie opfern ſollten zur Verſöhnung ihrer Sünden. Dieſe Opfer waren theils unblutige, theils blutige. Die unblutigen beſtanden aus Mehl und gerösteten Körnern mit Oel und Weihrauch; die blutigen beſtanden aus Thieren, hauptſächlich Rindern und Lämmern, welche man ſchlachtete, deren Blut an den Altar geſprengt und deren Fleisch ganz oder theilweiſe auf demſelben verbrannt wurde. Es gab **Brandopfer, Dankopfer, Sühnopfer und Schuldopfer**.

4. Nachdem der Herr nochmals die Feier des **Sabbaths** geboten und jede Arbeit an demſelben verboten hatte, beſtimmte er **vier Hauptfeſte**, an welchen jeder Israelite vor dem Herrn erſcheinen ſollte.

    a. Das **Paſſah**, oder das Feſt der ungeſäuerten Brode, auch Oſterfeſt genannt; es erinnerte an jene gnädige Verſchonung beim Auszug aus Egypten; zugleich wurden die erſten Garben der Frühlings-Ernte dem Prieſter gebracht.

    b. Das **Pfingſtfeſt**, 50 Tage ſpäter, das eigentliche Erntefeſt; zugleich erinnerte es aber auch an die Geſetzgebung auf Sinai.

    c. Das **Laubhüttenfeſt**; zum Andenken an das Wohnen in Hütten während des Zuges durch die Wüſte, wohnte das Volk an dieſem Feſte in Hütten von Laub. Es war aber auch das Herbſternte- und Dankfeſt.

d. Der große Versöhnungstag. An diesem Tage trat der Hohepriester in's Allerheiligste, besprengte mit dem Blute eines geopferten Bockes den Gnadenstuhl und reinigte dadurch das ganze Volk von seinen Sünden.

3. Am Sinai erhielt das Volk Israel noch viele andere Gebote über das häusliche und öffentliche Leben, über die Pflichten der Eltern und Kinder gegeneinander, über die Pflichten gegen Wittwen und Waisen, Arme und Unglückliche, über Krieg und begangene Verbrechen, über Ackerbau und Hirtenleben, über reine und unreine Speisen. Einzelne dieser Vorschriften, welche noch heutzutage wohl zu beachten sind, lauten:

„Es soll einerlei Recht unter euch sein, dem Fremdlinge wie dem Einheimischen." (3. Mos. 24, 22.)

„Du sollst dem Ochsen, der da drischt, das Maul nicht verbinden." (5. Mos. 25, 4.)

„Vor einem grauen Haupte sollst du aufstehen und die Alten ehren." (3. Mos. 19, 32.)

„Du sollst dem Dürftigen und Armen seinen Lohn nicht vorenthalten. (5. Mos. 24, 14.)

„Verflucht sei, wer seines Nachbars Grenze engert. (5. Mos. 27, 17.)

Vor allem aber hielt Gott seinem Volke die Worte vor: „**Ihr sollt heilig sein, denn ich bin heilig, der Herr, euer Gott. Höre Israel: Der Herr unser Gott, ist ein einiger Gott. Du sollst lieben Gott, deinen Herrn, von ganzem Herzen, von ganzer Seele und von ganzem Gemüthe. Du sollst deinen Nächsten lieben wie dich selbst.**" (4. Mos. 6, 22—26.)

Röm. 13, 10. Die Liebe ist des Gesetzes Erfüllung.

26.
Vom Sinai bis zum Jordan.
(4. Mos. 10—14.)

Röm. 8, 7. Fleischlich gesinnt sein ist Feindschaft wider Gott.

1. Ein Jahr lang blieb das Volk Israel am Berge Sinai; dann zog es unter beständigem Murren wider Gott

durch die Wüste Paran an die Südgrenze des verheißenen Landes. Da schickte Moses zwölf Kundschafter aus, das Land Kanaan zu erforschen. Sie gingen und durchzogen das ganze Land, vom Süden bis in den Norden. Und sie schnitten eine Weintraube ab, die war so schwer, daß zwei Männer sie an einem Stecken tragen mußten. Auch Granatäpfel nahmen sie mit und Feigen. Nach vierzig Tagen kamen sie zurück und sprachen: „Wir waren in einem Lande, in welchem Milch und Honig fließt und das ist seine Frucht. Aber es wohnt ein starkes Volk darin und die Städte sind sehr groß und fest. Wir sahen auch Riesen da, vor denen wir waren wie Heuschrecken."

2. Da erschrak das ganze Volk, weinte und rief: „Ach, daß wir in Egypten gestorben wären! Lasset uns einen Hauptmann wählen und wieder nach Egypten ziehen!" Nur zwei der Kundschafter, Josua und Kaleb, ermuthigten das Volk und sprachen: „Das Land ist sehr gut; wenn der Herr uns gnädig ist, so wird er uns in das Land bringen. Fallet nicht ab von dem Herrn; er ist mit uns!" Da sprach das Volk, man solle sie steinigen. — Und der Herr sprach zu Mose: „Wie lange lästert mich dieses Volk? Wie lange wollen sie nicht an mich glauben? Nun soll aber auch keiner der Männer, die meine Zeichen in Egypten und in der Wüste gesehen haben, das Land sehen, das ich ihren Vätern verheißen habe! Nur Josua und Kaleb sollen hineinkommen. Alle die andern aber, welche über zwanzig Jahre alt sind, sollen sterben in der Wüste. Eure Kinder aber, von denen ihr sagtet, sie würden umkommen in der Wüste, die will ich hineinbringen; aber sie sollen erst Hirten sein in der Wüste vierzig Jahre lang!"

3. So mußte denn das Volk Israel wieder zurück in die Wüste und noch vierzig Jahre lang in derselben hin- und herziehen. Während dieser Zeit hatte Moses fortwährend zu kämpfen mit dem halsstarrigen Volke, das die Gebote Gottes nicht hielt und sich stets nach den Fleischtöpfen Egyptens sehnte. Dazu waren fast beständig Kriege zu führen mit den Völkern der Amalekiter, Edomiter, Amoriter und Moabiter. — Endlich, im vierzigsten Jahre nach seinem Auszuge aus Egypten, kam das Volk Israel

an die Ostseite des Flusses Jordan. Auf der andern Seite dieses Flusses lag das verheißene Land, das Land Kanaan."

Pf. 78, 10. Sie hielten den Bund Gottes nicht und wollten nicht in seinem Gesetz wandeln.

> Wie schwer ist's doch, ganz still zu sein,
> Wenn wir Gott nicht verstehn;
> Wie redet man so bald ihm drein,
> Als hätt' er was versehen!
> Wie stellt man ihn zur Rede gar,
> Wenn seine Wege wunderbar
> Und unbegreiflich werden!

27.
Moses Tod.
(5. Mos. 31—34.)

Dan. 12, 3. Die Lehrer werden leuchten wie des Himmels Glanz und die, so viele zur Gerechtigkeit weisen, wie die Sonne immer und ewiglich.

1. Von all den Männern, welche aus Egypten gezogen waren, lebten am Ende der vierzig Wanderjahre nur noch Moses, Josua und Kaleb. Die andern waren alle, wie der Herr gesagt hatte, in der Wüste gestorben und ein ganz neues Geschlecht war aufgekommen. Nun kam die Reihe zu sterben, an Moses. Und der Herr sprach zu ihm: „Siehe, deine Zeit ist herbeigekommen, daß du sterbest. Gehe auf den Berg Nebo und besiehe das Land Kanaan, das ich den Kindern Israel geben werde. Und stirb auf dem Berge. Denn du sollst das Land sehen, aber hineinkommen sollst du nicht."

2. Da versammelte Moses das ganze Volk. Er erinnerte es noch einmal an alle Wohlthaten Gottes, wiederholte ihm alle Gebote mit ihrem Fluch und Segen und mahnte es, der Stimme des Herrn, seines Gottes zu gehorchen. Nachdem er Josua zu seinem Nachfolger bestimmt hatte, ging er auf den Berg Nebo und starb daselbst. Und niemand hat sein Grab erfahren bis auf den heutigen Tag.

3. Moses war 120 Jahre alt, da er starb. Seine Augen waren nicht dunkel geworden und seine Kraft war nicht verfallen. Es stand hinfort kein Prophet auf in Israel wie Moses, bis der kam, der noch größer war. — Moses war ein weiser, gottesfürchtiger, aber auch vielgeplagter und vielgeprüfter Mann, der jedoch in den schweren Stunden seines Lebens stets zu Gott sich wandte und seine Hilfe erflehte. Dafür durfte er auch viele Beweise der Hilfe und Gnade Gottes erfahren. Er rühmt das selbst in dem neunzigsten Psalm:

 Herr Gott, du bist unsere Zuflucht für und für.
  Ehe denn die Berge geworden
   Und die Erde und die Welt geschaffen worden
  Bist du Gott von Ewigkeit zu Ewigkeit.
 Unser Leben währet siebenzig Jahre,
  Und wenn es hoch kommt, so sind es achtzig Jahre,
  Und wenn es köstlich gewesen ist,
  So ist's Mühe und Arbeit gewesen.
 Herr, lehre uns bedenken, daß wir sterben müssen,
  Auf daß wir klug werden.
 Der Herr unser Gott sei uns freundlich
  Und fördere das Werk unserer Hände bei uns!
 Ja, das Werk unserer Hände wolle er fördern

Hebräer 13, 7. Gedenket an eure Lehrer, die euch das Wort Gottes gesagt haben, welcher Ende schauet an und folget ihrem Glauben nach.

 Himmelan geht unsere Bahn;
 Wir sind Gäste nur auf Erden,
 Bis wir dort nach Kanaan
 Durch die Wüste kommen werden.
 Hier ist **unser Pilgrimstand**,
 Droben unser Vaterland.

28.
Josua führt das Volk in's verheißene Land.
(Josua 3. 6. 10 u. f.)

Pf. 33, 4. Des Herrn Wort ist wahrhaftig, und was er zusagt, das hält er gewiß.

1. Josua ward nun, wie Moses bestimmt hatte, der Führer des Volkes Israel. „Wie ich mit Moses gewesen

bin," sprach der Herr zu ihm, „so will ich auch mit dir sein."
Wie Moses die Kinder Israel durch's rothe Meer, so führte
sie nun Josua trockenen Fußes durch den Jordan. Das
Wasser des Flusses theilte sich, der untere Theil lief ab, der
obere Theil blieb stehen, bis das Volk hindurch war. —

So waren denn die Kinder Israel jetzt im Lande Kanaan,
in dem Lande ihrer Väter Abraham, Isaak und Jakob, zu
welchen der Herr gesagt hatte: „Euch und euren Kindern
will ich dieses Land geben!" Da aber starke Völker im Lande
wohnten, welche ihre Heimath tapfer vertheidigten, so mußte
das Volk Israel sieben Jahre lang blutige Kriege führen.
Doch der Herr war mit ihm, und es bezwang ein Volk nach
dem andern und das Land ward sein.

2. Die erste Stadt, vor welche das Volk Israel nach
seinem Durchzug durch den Jordan kam, war Jericho,
eine feste Stadt mit starken Mauern. Aber der Herr sprach
zu Josua: „Siehe, ich habe Jericho in deine Hand gegeben.
Alle Kriegsmänner sollen sechs Tage lang je einmal um die
Stadt herumziehen. Am siebenten Tage aber umzieht die
Stadt siebenmal." Und als beim siebenten Mal die Priester
die Posaunen bliesen und das Volk ein großes Feldgeschrei
machte, da fielen die Mauern und das Volk erstieg die Stadt
und gewann sie. — So half Gott Josua bis ein und dreißig
Könige, die in Kanaan geherrscht hatten, überwunden waren.
Dann theilte Josua das Land unter die zwölf Stämme Israels. Die Stiftshütte aber ließ Josua in der Stadt Silo
aufstellen. —

3. Als nun Josua hundert und zehn Jahre alt war,
versammelte er das ganze Volk Israel auf einem Landtag in
Sichem und sprach: „Gedenket daran, was der Herr unser
Gott an euch gethan hat. Fürchtet ihn und dient ihm treulich, und dienet nicht den Göttern anderer Völker, die um euch
wohnen. Gefällt es euch aber nicht, daß ihr dem Herrn
dient, so erwählt euch heute, wem ihr dienen wollt. Ich
aber und mein Haus wollen dem Herrn die-
nen!" Da antwortete das Volk: „Das sei ferne von uns,
daß wir den Herrn verlassen und andern Göttern dienen. Wir
wollen dem Herrn dienen; denn er ist unser Gott." Und
Josua richtete einen großen Stein auf und sprach: „Dieser

Stein soll Zeuge sein über euch, daß ihr euern Gott nicht verleugnet."

Darnach starb Josua und sie begruben ihn auf dem Gebirge Ephraim.

Josua 24, 15. Ich aber und mein Haus, wir wollen dem Herrn dienen.

Ich und mein Haus, wir sind bereit,
Dir, Herr, die ganze Lebenszeit
Mit Seel und Leib zu dienen.
Du sollst der Herr im Hause sein,
Gib deinen Segen nur darein,
Daß wir dir völlig dienen.

b. Israel unter den Richtern.

(1400 Jahre vor Christus.)

29.

Die Richter über Israel.

(Das Buch der Richter.)

Ps. 78, 10. Sie hielten den Bund Gottes nicht und wollten nicht in seinem Gesetz wandeln.

1. Da nun Josua und alle, die zu seiner Zeit lebten, zu den Vätern versammelt waren, kam ein anderes Geschlecht auf, das den Gott seiner Väter verließ und andern Göttern nachfolgte. Und so oft die Kinder Israels also übel thaten, ergrimmte der Zorn des Herrn über sie und er gab sie in die Hand ihrer Feinde und sie wurden hart gedrängt. Dann schrieen sie wieder zu dem Herrn, und es jammerte ihn ihr Wehklagen. Er erweckte ihnen Kriegshelden, welche sie aus der Hand ihrer Feinde retteten. Diese Kriegshelden waren auch Richter in Israel und hielten das Land in Ordnung. Wenn aber ein Richter starb, dann fielen die Kinder Israel wieder von Gott ab und beteten die Götzen der Heiden an; und der Herr gab sie dann wieder in ihrer Feinde Hand.

Ein solcher Richter war **Barak**, neben welchem zugleich die Prophetin **Debora** Richterin war. Barak und Debora schlugen die Kanaaniter und machten Israel frei von der Gewalt derselben.

2. Das Volk sündigte aber wieder und betete den Götzen Baal an. Da kam es unter die Hand der Midianiter. Doch der Herr erwählte den Helden **Gideon**. Gideon zerbrach den Altar Baal's und zog dann aus in die Schlacht gegen die Midianiter mit 32,000 Mann. Der Herr aber sprach: „Das Volk ist zu viel, das mit dir ist. Israel möchte sich rühmen: Meine Hand hat mich erlöst." Und Gideon mußte alle entlassen bis auf 300 Mann. Und er schlug eine große Schlacht, besiegte die Midianiter und nahm ihre zwei Könige gefangen. Da sprach das Volk zu Gideon: „Sei Herr über uns, du und dein Sohn, und deines Sohnes Sohn." Aber Gideon sprach: „Ich will nicht Herr sein über euch, und mein Sohn soll auch nicht Herr über euch sein, sondern der Herr soll Herr über euch sein." Und das Land hatte Frieden vierzig Jahre, so lange Gideon lebte.

3. Aber die Kinder Israels thaten ferner übel und dienten den Götzen und kamen unter die Hände der Ammoniter. Da schrie das Volk zum Herrn, und der Herr erweckte ihm **Jephtha**, und dieser schlug die Ammoniter. Aber Jephtha hatte, als er in die Schlacht zog, gelobt, wenn er mit Frieden heim komme, so wolle er dem Herrn opfern, was ihm aus seiner Hausthüre entgegen gehe. Und da er zurückkehrte, kam ihm entgegen seine Tochter, sein einziges Kind. Da ward Jephtha betrübt, aber er that, wie er dem Herrn gelobt hatte.

4. Da aber die Kinder Israels wieder sündigten, gab sie der Herr in der Philister Hände vierzig Jahre lang. Da stand **Simson** auf, ein Mann von großer Kraft. Einen Löwen zerriß er, wie man ein Böcklein zerreißt, und mit einem Eselskinnbacken schlug er 1000 Philister. Aber er sündigte gegen den Herrn. Da kam er in die Gefangenschaft der Philister; die stachen ihm die Augen aus und banden ihn mit eisernen Ketten. — Und die Fürsten der Philister feierten ihrem Gott ein großes Fest in seinem Tempel. Da holten sie Simson, daß er vor ihnen spiele, und stellten ihn

zwischen zwei Säulen. Das Haus war aber voll Männer und Frauen. Simson faßte aber die zwei Säulen, auf denen das Haus ruhte, und neigte sich kräftig. Da fiel das Haus auf die Fürsten und auf alles Volk, das darinnen war, daß der Todten mehr waren, die bei seinem Tode starben, denn die bei seinem Leben starben.

Spr. Sal. 14, 34. Gerechtigkeit erhöhet ein Volk, aber die Sünde ist der Leute Verderben.

Herr, schenke mir die Zuversicht,
Nur deiner Macht zu trauen,
Die Trost und Rettung uns verspricht
Wenn wir auf dich nur bauen,
Auf dich und deines Armes Kraft,
Die alles kann und alles schafft.

30.
Ruth.
(Ruth 1—4.)

Eph. 6, 2. Ehre Vater und Mutter, das ist das erste Gebot, das Verheißung hat.

1. Zu der Zeit, da die Richter in Israel regierten, war eine Theuerung in Kanaan. Da zog ein Mann von Bethlehem, Elimelech mit Namen, mit seinem Weibe Naemi und zwei Söhnen in das Land der Moabiter. Und Elimelech starb daselbst. Seine beiden Söhne aber nahmen moabitische Weiber, die eine hieß Arpa, die andere Ruth. Nach zehn Jahren starben auch die beiden Söhne. Da machte sich Naemi auf und zog wieder in ihre Heimath im Lande Kanaan, und ihre beiden Schwiegertöchter begleiteten sie. Unterwegs sprach sie: „Kehret um; der Herr thue an euch Barmherzigkeit, wie ihr an den Todten und an mir gethan habt." Da küßte Arpa ihre Schwiegermutter und kehrte um. Ruth aber sprach: „Rede mir nicht davon, daß ich dich verlassen soll. Wo du hingehest, da will ich auch hingehen. Wo du bleibst, da bleibe ich auch. Dein Volk ist mein Volk, und dein Gott ist mein Gott. Wo du stirbst,

da sterbe ich auch, da will ich auch begraben werden. Nur der Tod soll uns scheiden." So gingen die beiden mit einander, bis sie nach Bethlehem kamen und wohnten daselbst.

2. Und um die Zeit der Gerstenernte ging Ruth hinaus auf's Feld, Aehren zu lesen, und kam auf den Acker eines reichen Mannes, namens Boas, eines Verwandten des Elimelech. Und Boas kam heraus aufs Feld, grüßte seine Schnitter und sprach: „Der Herr sei mit euch." Die Schnitter dankten ihm und sprachen: „Der Herr segne dich." Da sah Boas bei den Schnittern eine Frau, die Aehren las. Als er nun hörte, daß es Ruth sei, redete er freundlich mit ihr und befahl seinen Schnittern, ihr viele Aehren liegen zu lassen und ihr Speise und Trank zu geben. Ruth aber sprach: „Womit habe ich Gnade gefunden vor deinen Augen, da ich dir doch fremd bin?" Boas antwortete ihr: „Ich weiß alles, was du an deiner Schwiegermutter gethan hast nach deines Mannes Tod. Der Gott Israels, zu dem du gekommen bist, vergelte dir deine That."

3. Als Ruth nach Hause kam, erzählte sie das alles ihrer Schwiegermutter, und diese sprach: „Er ist unser Verwandter. Gott segne ihn für seine Barmherzigkeit." Boas aber gewann die brave Ruth lieb und nahm sie zum Weibe. Ruth gebar einen Sohn, den nannten sie Obed; Obed aber ist der Vater Isai's, und Isai ist der Vater David's, des Königs in Israel.

Sprüche Sal. 2, 7. Der Herr läßt es den Aufrichtigen gelingen und beschirmet die Frommen.

31.
Eli und Samuel, die priesterlichen Richter.
(1. Sam. 1—7.)

Ps. 119, 9. Wie wird ein Jüngling seinen Weg unsträflich gehen? Wenn er sich hält nach deinen Worten.

1. Zur Zeit des Hohenpriesters Eli, war ein Mann, der hieß Elkana. Sein Weib Hanna war traurig, weil sie keine Kinder hatte. Und sie gingen jährlich hinauf nach

Silo, wo die Stiftshütte stand, und opferten dem Herrn. Als sie nun wiederum daselbst waren, betete Hanna zum Herrn und gelobte: „Herr Zebaoth, wirst du mir einen Sohn geben, so will ich ihn dir weihen sein Leben lang!" Da sprach Eli: „Gehe hin in Frieden; der Gott Israels wird dir geben, um was du ihn gebeten hast." Und der Herr erhörte Hanna und sie bekam einen Sohn und nannte ihn Samuel, das heißt „Gott erhört." Als der Knabe etwas herangewachsen war, brachte sie ihn zu Eli, daß er ihn erziehe zu einem Diener Gottes. Und Samuel nahm zu und war angenehm bei Gott und bei Menschen.

2. Aber die Söhne Eli's, Hophni und Pinehas, waren böse Buben und fragten nicht nach dem Herrn. Wenn jemand opferte, so stahlen sie von dem Opferfleisch; auch andere Schandthaten begingen sie, daß darüber ein Geschrei war in ganz Israel. Und Eli war Richter in Israel; aber seine Söhne strafte er nicht, sondern sprach nur zu ihnen: „Warum thut ihr solches? Ich höre euer böses Wesen vom ganzen Volke. Thut nicht also, meine Kinder! Ihr reizt des Herrn Volk zur Uebertretung." — Aber sie gehorchten nicht der Stimme ihres Vaters. —

3. Der Knabe Samuel aber diente dem Herrn. Und es geschah in einer Nacht, da Eli und Samuel in der Stiftshütte schliefen, daß der Herr rief: „Samuel!" Dieser lief zu Eli und sprach: „Hier bin ich, du hast mich gerufen!" Eli aber sprach: „Ich habe dich nicht gerufen; gehe wieder hin und lege dich schlafen." Als nun aber dieselbe Stimme zum zweiten und dritten Male rief, merkte Eli, daß der Herr den Knaben rief. Und er sprach zu ihm: „Gehe hin und lege dich schlafen, und so dir wieder gerufen wird, so sprich: Rede, Herr, dein Knecht hört." Samuel ging hin und legte sich an seinen Ort. Da rief der Herr wie zuvor: „Samuel, Samuel!" Und Samuel sprach: „Rede Herr, dein Knecht hört." Da sprach der Herr: „Siehe, ich will Strafe kommen lassen über Eli und sein Haus um der Missethat willen, daß er wußte, wie seine Söhne sich den Fluch bereiteten, und hat nicht einmal sauer dazu gesehen." — Am Morgen fürchtete sich Samuel, Eli das Gesicht anzusagen. Eli aber sprach: „Verschweige mir nichts." Da sagte ihm Samuel alles;

und Eli sprach: „Es ist der Herr, er thue, was ihm wohlgefällt." — Bald darauf kam es zu einem Krieg mit den Philistern. Das Volk Israel wurde geschlagen und mußte fliehen; die Bundeslade fiel in die Hände der Philister und die beiden Söhne Eli's wurden getödtet. Als Eli das hörte, fiel er rückwärts vom Stuhle, brach den Hals und starb. —

4. Nach Eli's Tod wurde Samuel Richter über Israel. Er stellte die Ordnung im Lande wieder her und sprach zu dem Volke: „Wenn ihr die fremden Götter von euch thut und euch bekehrt von ganzem Herzen zu dem Herrn, und ihm allein dienet, so wird er euch erretten aus der Philister Hand." Da nun die Philister heranzogen, zu streiten wider Israel, wurden sie geschlagen. Und Samuel setzte an der Grenze des Philisterlandes einen Stein zum Denkmal und sprach: „Eben-Ezer," das heißt: „Bis hierher hat der Herr geholfen." — Samuel regierte mit Gerechtigkeit und Strenge und war der beste Richter, den Israel hatte. Ueberall im Lande gründete er Propheten-Schulen, damit es allezeit Lehrer gäbe, welche dem Volke das Gesetz Gottes predigten, dem Abfall vor dem lebendigen Gott wehrten, an seine Strafgerichte erinnerten und den Trost Israels für die Zukunft verkündigten.

Spr. Sal. 13, 24. Wer seiner Ruthe schont, der hasset seinen Sohn; wer ihn aber lieb hat, der züchtiget ihn bald.

Eph. 6, 4. Ihr Väter, reizet eure Kinder nicht zu Zorn, sondern ziehet sie auf in der Zucht und Vermahnung zu dem Herrn.

c. Israel unter den Königen.

I. Das vereinigte Königreich.
(1100—975 Jahre vor Chr.)

32.
Saul wird König.
(1. Sam. 8—15.)

Pf. 146, 3. Verlasset euch nicht auf Fürsten, sie sind Menschen; die können ja nicht helfen.

1. Als Samuel alt war, setzte er seine Söhne als Richter über Israel. Aber sie wandelten nicht in seinen Wegen,

sondern neigten sich zum Geize und nahmen Geschenke und beugten das Recht. Da versammelten sich alle Aeltesten in Israel und sprachen zu ihm: „Siehe, du bist alt geworden und deine Söhne wandeln nicht in deinen Wegen; so setze nun einen König über uns, der uns richte, wie alle Heiden haben." Das gefiel Samuel übel. Aber der Herr sprach: „Gehorche der Stimme des Volkes; denn sie haben nicht dich, sondern mich verworfen, daß ich nicht soll König über sie sein."

2. Es war aber ein Mann vom Stamme Benjamin, namens Kis, der hatte einen Sohn mit Namen S a u l, der war ein junger feiner Mann, eines Hauptes länger denn alles Volk. Und Kis hatte seine Eselinnen verloren. Da ging Saul hin, sie zu suchen und kam auch in die Stadt Rama, da Samuel war. Als Samuel Saul erblickte, sprach die Stimme Gottes zu ihm: „Siehe, das ist der Mann, der über mein Volk herrschen soll." Da nahm Samuel ein Oelglas, goß es auf sein Haupt, küßte ihn und sprach: „Siehe, der Herr salbt dich zum Fürsten über sein Erbtheil." — Samuel berief nun das Volk Israel und stellte ihm Saul als seinen König vor. Da jauchzte alles Volk und sprach: „Glück zu dem König!" Aber etliche lose Leute sprachen: „Was soll uns dieser helfen?" Aber Saul that, als hörte er es nicht.

3. Saul führte als König viele Kriege mit allen Feinden Israels rings umher und schlug sie alle. Und Samuel sprach zu Saul: „Der Herr befiehlt dir: Ziehe hin und schlage die Amalekiter und vertilge sie mit allem, was sie haben; schone ihrer nicht, sondern tödte Menschen und Vieh." Und Saul schlug die Amalekiter, ließ aber ihren König Agag und die guten, gemästeten Schafe und Rinder am Leben. Als nun Samuel zu Saul kam, sprach Saul zu ihm: „Ich habe des Herrn Wort erfüllt." Samuel antwortete: „Was ist denn das für ein Blöcken der Schafe und Brüllen der Rinder, das ich höre?" Saul sprach: „Das Volk verschonte die besten Schafe und Rinder, um sie Gott zu opfern." Samuel aber sprach: „Meinst du, daß der Herr mehr Lust habe am Opfer, als am Gehorsam? S i e h e, G e h o r s a m i s t b e s s e r, d e n n O p f e r. Weil du

des Herrn Wort verworfen hast, hat er dich auch verworfen, daß du nicht mehr König seist."

Marc. 12, 33. Gott lieben von ganzem Herzen, von ganzem Gemüthe, von ganzer Seele und von allen Kräften. und lieben seinen Nächsten als sich selbst, das ist mehr denn Brandopfer und alle Opfer.

33.

David und Goliath.
(1. Sam. 16. 17.)

1. Petri 5, 5. Gott widersteht dem Hoffärtigen, aber dem Demüthigen gibt er Gnade.

1. Von der Zeit an wich der Geist des Herrn von Saul, und ein böser Geist machte ihn sehr unruhig. Als er nun hörte, daß ein Jüngling namens David, Jsai's Sohn, sich wohl verstehe auf Saitenspiel, schickte er Boten aus und ließ David holen. Wenn nun der böse Geist über Saul kam, nahm David die Harfe und spielte; so erquickte sich Saul und es ward besser mit ihm. Und Saul gewann David lieb und er ward sein Waffenträger. —

2. Und es begab sich, daß die Philister ihre Heere sammelten zum Streit wider Israel. Und die Philister standen auf einem Berge jenseits, und die Israeliten auf einem Berge diesseits, daß ein Thal zwischen ihnen war. Da trat hervor aus dem Lager der Philister ein Riese mit Namen Goliath, sechs Ellen und eine Hand breit hoch. Und hatte einen ehernen Helm auf seinem Haupte und einen Schuppenpanzer an. Und hatte eherne Beinharnische an seinen Schenkeln und einen ehernen Schild auf seinen Schultern. Und der Schaft seines Spießes war wie ein Weberbaum. Der stand auf, verhöhnte Israel und rief: „Erwählet einen, der zu mir herabkomme. Schlägt er mich, so wollen wir eure Knechte sein; schlage ich ihn, so sollt ihr unsere Knechte sein." Da Saul und ganz Israel diese Rede des Philisters hörten, entsetzten sie sich und fürchteten sich sehr.

3. Als aber David ins Lager kam und hörte, wie der Riese Israel verspottete, sprach er: „Was wird man dem

thun, der den Philister schlägt und die Schande von Israel nimmt?" Da sagte ihm das Volk: „Wer ihn schlägt, den will der König sehr reich machen und ihm seine Tochter zur Frau geben." Da ging David zum König und sprach: „Es entfalle keinem Menschen das Herz um deswillen. Ich will hingehen und mit dem Philister streiten." Saul aber sprach: „Du kannst nicht mit ihm streiten; du bist ein Knabe, dieser aber ist ein Kriegsmann von Jugend auf." David aber sprach: „Ich hütete die Schafe meines Vaters; da kam ein Löwe und ein Bär und trug ein Schaf weg von der Herde. Und ich lief ihm nach und schlug ihn und errettete es aus seinem Maul. Der Herr, der mich von dem Löwen und Bären errettet hat, der wird mich auch erretten von diesem Philister." Und Saul sprach: „Gehe hin, der Herr sei mit dir." Saul gab nun David seine eigene Rüstung, setzte ihm einen ehernen Helm auf sein Haupt und legte ihm einen Panzer an und gürtete ihm sein Schwert um. Als aber David nun gehen wollte, konnte er nicht, denn er war es nicht gewohnt. Da legte er des Königs Rüstung wieder ab, nahm seinen Stab in die Hand, that fünf glatte Steine aus dem Bach in seine Hirtentasche, nahm die Schleuder und machte sich auf gegen den Philister.

4. Da nun der Philister David sah, verachtete er ihn, fluchte und sprach: „Bin ich denn ein Hund, daß du mit einem Stecken zu mir kommst? Komm her, ich will dein Fleisch den Vögeln unter dem Himmel geben und den Thieren auf dem Felde." David aber sprach zu dem Philister: „Du kommst zu mir mit Schwert, Spieß und Schild; ich aber komme zu dir im Namen des Herrn Zebaoth, des Gottes Israels, den du gehöhnet hast." Als sich nun der Philister David nahete, nahm David einen Stein, schleuderte und traf den Philister an seine Stirn, daß der Stein in seine Stirne fuhr und der Riese zur Erde fiel auf sein Angesicht. Und David lief zu dem Philister und zog ihm sein' Schwert aus der Scheide und hieb ihm den Kopf ab. Da aber die Philister sahen, daß ihr Stärkster todt war, flohen sie. Und die Männer Israels machten sich auf, und jagten ihnen nach und schlugen sie.

Ps. 56, 12. Auf Gott hoffe ich und fürchte mich nicht; was können mir die Menschen thun?

Spr. Sal. 16, 18. Wer zu Grunde gehen soll, der wird zuvor stolz; und stolzer Muth kommt vor dem Falle.

Was hilft der Feinde große Menge?
Was hilft dem Riesen große Kraft?
Der Roß' und Wagen stark Gedränge
Ist's nicht, was Sieg und Heil verschafft.
Der Mensch vertraut darauf zwar gern,
Doch kommt der Sieg allein vom Herrn.

34.

David und Jonathan.
(1. Sam. 18—20)

Sirach 6, 14. Ein treuer Freund ist ein starker Schutz; wer den hat, der hat einen großen Schatz.

1. Saul mußte nun wohl David seine Tochter Michal zum Weibe geben; aber er hatte ihn nicht mehr lieb. Er fürchtete, David möchte nach ihm König in Israel werden, und nicht sein eigener Sohn Jonathan, wie er wünschte. So oft er David sah, dachte er in seinem Herzen: „Das Königreich wird noch sein werden." Da ward er immer sehr zornig. Als nun David wieder einmal vor Saul die Harfe spielte, da kam der böse Geist über den König und er warf seinen Spieß gegen David und gedachte, ihn an die Wand zu spießen. David aber wandte sich und der Spieß fuhr in die Wand. Nun verlangte Saul von seinem Sohne Jonathan, er solle David tödten. Jonathan hatte aber David lieb wie sein eigen Herz und sprach zu seinem Vater: „Versündige dich nicht an David: denn er hat keine Sünde wider dich gethan, sondern dir sehr genützt." Da schwur Saul: „So wahr der Herr lebt, er soll nicht sterben." Aber nicht lange darnach kam der böse Geist wieder über Saul und er warf abermals den Spieß nach David; aber der Spieß fuhr in die Wand und David floh in sein Haus. Saul aber sandte ihm Männer nach, ihn zu tödten; doch sein Weib Michal ließ ihn zum Fenster herab und er entkam.

2. Da ging David zu Jonathan und sprach: „Was habe ich gethan, daß dein Vater nach meinem Leben steht?

Wahrlich, es ist nur ein Schritt zwischen mir und dem Tode!" Jonathan sprach: „Du sollst nicht sterben," und ging zu seinem Vater und bat für David. Da ergrimmte Saul und sprach: „Du ungehorsamer Bösewicht! Ich weiß wohl, daß David dein Freund ist, dir zum Schaden; denn so lange David lebt, wirst du nicht König werden. Laß ihn herholen, denn er muß sterben." Jonathan antwortete: „Warum soll er sterben? Was hat er gethan?" Da warf Saul den Spieß auch nach seinem Sohne.—Nun merkte Jonathan, daß bei seinem Vater beschlossen war, David zu tödten. Und er ging zu David hinaus auf's Feld und sagte ihm, was sein Vater beschlossen hatte. Und sie küßten sich und weinten miteinander und Jonathan sprach: „Gehe hin mit Frieden." Darnach machte sich Jonathan auf und ging wieder zurück in die Stadt.

Spr. Sal. 17, 17. Ein Freund liebt allezeit und ein Bruder wird in der Noth erfunden.

<blockquote>
Der Mensch hat nichts so eigen,
So wohl steht ihm nichts an,
Als daß er Treu' erzeigen
Und Freundschaft halten kann.
</blockquote>

35.

David auf der Flucht.
(1. Sam. 21—26.)

1. Petr. 3, 9. Vergeltet nicht Böses mit Bösem, oder Scheltwort mit Scheltwort, sondern dagegen segnet.

1. David aber floh vor Saul und hielt sich lange Zeit in den Klüften und Höhlen des Gebirges Juda verborgen. Allmählich sammelte sich um ihn eine große Schaar von Männern, Verwandte und allerlei Leute, die in Noth und Schuld waren. An Jonathan behielt David in dieser traurigen Zeit einen treuen Freund. Saul aber verfolgte David, und verfuhr grausam gegen alle, die zu ihm hielten. So ließ er den Priester Abimelech tödten, weil derselbe David auf seiner Flucht zu essen gab. Und Saul zog mit 3000 Mann aus, David zu suchen. Da floh David in die Wüste

Engedi. Es war aber daselbst eine Höhle, und Saul ging hinein, zu schlafen. David aber und seine Männer saßen schon hinten in der Höhle. Da sprachen die Männer zu David: „Das ist der Tag, an welchem der Herr deinen Feind in deine Hände geben will." David aber sprach: „Das lasse der Herr fern von mir sein, daß ich meine Hände an seinen Gesalbten lege." Und David stand auf und schnitt leise einen Zipfel vom Rocke des Königs. Da aber Saul aus der Höhle ging, rief ihm David nach: „Mein Herr König, warum gehorchest du denen, die da sagen: David sucht dein Unglück? Siehe, heute hatte dich der Herr in meine Hand gegeben! Doch ich wollte meine Hand nicht an dich legen, denn du bist der Gesalbte des Herrn! Mein Vater, sieh' doch den Zipfel von deinem Rocke in meiner Hand! Erkenne, daß nichts Böses in meinem Herzen ist. Der Herr wird Richter sein zwischen mir und dir." Da sprach Saul: „Ist das nicht deine Stimme, mein Sohn David?" Und er weinte und sprach zu David: „Du bist gerechter als ich; du hast mir Gutes bewiesen, ich aber habe dir Böses vergolten. Wie sollte Jemand seinen Feind finden und ihn in Gutem ziehen lassen? Nun, siehe, ich weiß, daß du König werden wirst; so schwöre mir, daß du mein Geschlecht nicht ausrottest!" Da schwur ihm David und Saul zog wieder heim.

3. Aber nicht lange, so zog Saul wieder gegen David aus, ihn zu tödten. Da schlichen sich David und sein Feldhauptmann Abisai in der Nacht in's Lager des Königs. Und siehe, Saul lag und schlief und sein Spieß steckte neben ihm in der Erde. Da sprach Abisai: „Ich will ihn nun mit dem Spieß in die Erde stechen." David aber wehrte es ihm doch nahm er den Spieß und den Wasserbecher Saul's mit, und niemand im ganzen Lager merkte es. Darnach ging David auf die Spitze des Berges, rief in's Lager und schalt Abner, den Feldhauptmann des Königs: „Abner, warum hast du deinen Herrn, den König, nicht besser behütet? Siehe, hier ist der Spieß des Königs und sein Wasserbecher!" Da erkannte Saul die Stimme Davids und sprach: „Ich habe gesündigt, komm wieder, mein Sohn David, ich will dir kein Leid mehr thun." David traute jedoch Saul

nicht; darum ging er in der Philister Land und blieb daselbst bei dem König Achis ein Jahr und vier Monate.

In diesen Drangsalen dichtete David fromme Lieder, Psalmen, die er zur Harfe sang, z. B.:

Herzlich lieb habe ich dich, Herr, meine Stärke,
Herr, mein Fels, meine Burg, mein Erretter,
Mein Gott, auf den ich traue.
Du erleuchtest meine Leuchte;
Der Herr, mein Gott, macht meine Finsterniß licht.
Er ist ein Schild aller, die auf ihn vertrauen. Ps. 18.

Matth. 5, 44. 45. Liebet eure Feinde, segnet, die euch fluchen; thut wohl denen, die euch hassen; bittet für die, so euch beleidigen und verfolgen, auf daß ihr Kinder seid eures Vaters im Himmel

---

36.

Sauls Tod. David wird König.
(1. Sam. 31 u. 2. Sam. 2.—9.)

Spr. Sal. 24, 17. Freue dich des Falles deines Feindes nicht, und dein Herz sei nicht froh über seinem Unglück.

1. Und es begab sich, daß Saul in den Krieg zog wider die Philister, und seine Söhne zogen mit ihm. Die Israeliten wurden geschlagen und flohen vor den Philistern. Jonathan aber und noch zwei andere Söhne Sauls fielen in der Schlacht. Auch Saul ward schwer verwundet. Da sprach er zu seinem Waffenträger: „Ziehe dein Schwert aus und erstich mich, daß die Feinde nicht Spott mit mir treiben." Dieser aber wollte nicht. Da nahm Saul sein Schwert und stürzte sich hinein. Als nun sein Waffenträger sah, daß er todt war, stürzte er sich auch in sein Schwert und starb mit ihm. David aber, da ihm Saul's und Jonathan's Tod angesagt ward, sang ein Klagelied:

Die Edelsten in Israel liegen erschlagen.
Wie sind die Helden gefallen!
Saul und Jonathan, holdselig und lieblich in ihrem Leben,
Sind auch im Tode nicht geschieden!
Es ist mir leid um dich, mein Bruder Jonathan!
Ich habe große Freude und Wonne an dir gehabt.

2. Nach Saul's Tod kamen die Männer vom Stamme Juda und machten David zu ihrem König. Abner aber, Saul's Feldherr, machte einen Sohn Saul's, Jsboseth mit Namen, zum Könige über Israel. So entstand ein langer Streit zwischen dem Hause Saul's und dem Hause David's. Als aber Abner und Jsboseth umgekommen waren, kamen alle Stämme Israels zu David und salbten ihn zu ihrem Könige. Von der Familie Saul's war jetzt nur noch Einer übrig, nämlich Mephiboset, ein Sohn Jonathans. Derselbe war lahm an beiden Füßen, denn seine Amme hatte ihn fallen lassen. Und David ließ Mephiboset bei sich wohnen und täglich an seinem Tische essen; und er gab ihm alles, was Saul und seinem Hause gehört hatte.

3. David führte als König viele und große Kriege; er besiegte alle seine Feinde umher und setzte die Grenzen seines Reiches von Egypten bis an den Euphrat. In einem seiner Kriege eroberte er die Stadt Jerusalem. Er machte sie zur Hauptstadt des Landes. Und David versammelte ganz Israel und ließ die Bundeslade unter Jauchzen und Posaunenschall nach Jerusalem bringen.— Nun ordnete David die Gottesdienste und bildete Sängerchöre; der König war selbst der erste Meister des Gesanges, der Verfasser schöner Psalmen, die uns im Psalmbuch aufbewahrt sind. In diesen Psalmen sagt David aus vollem Herzen Gott Lob und Dank für allen Segen, den er empfangen hatte.

Pf. 37, 5. Befiehl dem Herrn deine Wege und hoffe auf ihn, er wird es wohl machen.

Pf. 92 2. 3. Das ist ein köstlich Ding, dem Herrn danken und lobsingen deinem Namen, du Höchster; des Morgens deine Gnade und des Nachts deine Wahrheit verkündigen.

37.
David's Sünde und Buße.
(2. Sam. 10. 11. 12.)

Matth. 26, 41. Wachet und betet, daß ihr nicht in Anfechtung fallet. Der Geist ist willig, aber das Fleisch ist schwach.

1. Darnach begab es sich, daß die Ammoniter wider Israel stritten. David sandte seinen Feldhauptmann Joab

und sein ganzes Heer wider sie aus; er selbst aber blieb zu Jerusalem. Eines Tages sah er Bathseba, das Weib des Uria, der mit in den Krieg gezogen war. Und er wollte sie zum Weibe haben. Da schrieb David einen Brief an Joab also: „Stelle Uria in den Streit, da er am härtesten ist, daß er erschlagen werde und sterbe." Joab that also und Uria ward erschlagen. Da sandte David hin und ließ Uria's Weib holen und sie ward sein Weib.

2. Aber diese That gefiel dem Herrn übel. Er sandte den Propheten Nathan zu David und der Prophet erzählte dem Könige: „Es waren zwei Männer in einer Stadt, einer reich, der andere arm. Der Reiche hatte sehr viele Schafe und Rinder. Aber der Arme hatte nur ein einziges kleines Schäflein. Es aß von seinem Bissen und trank aus seinem Becher und schlief in seinem Schooß. Da aber dem reichen Manne ein Gast kam, schonte er seine Schafe und Rinder und nahm das Schaf des armen Mannes und richtete es zu." Da ergrimmte David und sprach: „So wahr der Herr lebt, der Mann ist ein Kind des Todes, der das gethan hat." Da sprach Nathan zu David: „Du bist der Mann! Uria's Weib hast du genommen und ihn erwürgt durch das Schwert der Ammoniter. Darum spricht der Herr also: „Ich will Unglück über dich erwecken aus deinem eigenen Hause." David sprach: „Ich habe gesündigt wider den Herrn." Und der Herr schlug das Kind David's und der Bathseba, daß es todtkrank ward und starb.

Zu jener Zeit betete David zu Gott und sprach:
Gott, sei mir gnädig nach deiner Güte
Und tilge meine Sünden nach deiner großen Barmherzigkeit;
Wasche mich wohl von meiner Missethat,
Reinige mich von meiner Sünde,
Denn ich erkenne meine Missethat.
Und meine Sünde ist immer vor mir.
Schaffe in mir, Gott, ein reines Herz
Und gib mir einen neuen gewissen Geist;
Verwirf mich nicht vor deinem Angesicht
Und nimm deinen heiligen Geist nicht von mir. Psm. 51

Und Bathseba gebar David noch einen Sohn, den nannte er Salomo. Den ließ David vom Propheten Nathan erziehen.

<small>Spr. Sal. 28, 13. Wer seine Missethat leugnet, dem wird es nicht gelingen; wer sie aber bekennt und läßt, der wird Barmherzigkeit erlangen.</small>

38.
David und Absalom.
(2. Sam. 13—20.—1. Kön. 1. 2.—1. Chron. 29.)

Spr. Sal. 19, 26. Wer Vater verstört und Mutter verjagt, der ist ein schändliches und verfluchtes Kind.

1. Es war in ganz Israel kein Mann so schön, als David's Sohn, Absalom. Kein Fehler war an ihm von der Fußsohle bis zum Scheitel. Als aber Absalom seinen Bruder Ammon umbrachte, ließ ihn sein Vater fünf Jahre lang nicht vor sein Angesicht kommen. Darüber ward Absalom böse und nahm sich vor, seinen Vater vom Thron zu stoßen, um selber König zu sein. Des Morgens früh stellte er sich an das Stadtthor. Und wenn jemand einen Handel hatte, daß er zum König vor Gericht kommen sollte, rief ihn Absalom zu sich und sprach: „Siehe, deine Sache ist recht und gut, aber du findest kein Gehör beim König. O, wer setzt mich zum Richter im Lande, daß Jedermann zu seinem Rechte komme." Und wenn Jemand vor ihm niederkniete, so ergriff er ihn bei der Hand und küßte ihn. Auf diese Weise stahl Absalom die Herzen der Männer Israels.

2. Und Absalom ging nach Hebron und ließ sich zum König ausrufen und viel Volks lief ihm zu. Da kam einer, der sagte es David an. David aber sprach zu seinen Knechten: „Auf, laßt uns fliehen, denn hier wird kein Entrinnen sein vor Absalom." Und der König ging zu Fuß hinaus mit seinem ganzen Hause. Und das ganze Land weinte, und alles Volk ging mit. Und der König ging über den Bach Kidron, den Oelberg hinan und weinte, und sein Haupt war verhüllt, und ging barfuß. Simei aber, ein Mann aus dem Hause Saul's, ging heraus und fluchte David, warf mit Steinen nach ihm und sprach: „Heraus, heraus, du Blut-

hund, du loser Mann. Nun steckst du in deinem Unglück!" Da sprach einer von denen, die mit dem Könige waren: "Ich will hingehen und ihm den Kopf abreißen." David aber sprach: "Laßt ihn fluchen, denn der Herr hat's ihn geheißen." So floh David über den Jordan vor seinem Sohn Absalom.

3. Absalom aber zog in Jerusalem ein und saß auf dem Thron seines Vaters. Darauf führte er seine Männer über den Jordan dem Heere David's entgegen. Da ordnete auch David das Volk, das bei ihm war, setzte Hauptleute über dasselbe und befahl ihnen: "Fahret fein säuberlich mit dem Knaben Absalom." In einem Walde kam's zur Schlacht. Absalom's Knechte wurden geschlagen; er selbst floh auf einem Maulthier. Und als das Maulthier unter eine große Eiche kam, blieb er mit seinem langen Haar an der Eiche hängen, sein Thier lief unter ihm weg, und er schwebte zwischen Himmel und Erde. Da nahm Joab, David's Feldhauptmann, drei Spieße, und stieß sie Absalom in's Herz. Als David hörte, daß Absalom todt war, weinte er und sprach: "Mein Sohn Absalom! mein Sohn Absalom! Wollte Gott, ich müßte für dich sterben. O Absalom, mein Sohn, mein Sohn!"

4. Als David alt war und wohlbetagt, ließ er seinen Sohn Salomo zum König salben über Israel. Und da die Zeit kam, daß David sterben sollte, versammelte er die Obersten Israels und sprach zu ihnen: "Höret mir zu, meine Brüder und mein Volk! Haltet alle Gebote des Herrn, eures Gottes, auf daß ihr das gute Land besitzt und vererbt auf eure Kinder ewiglich. Und du, mein Sohn Salomo! Ich gehe hin den Weg aller Welt. So sei getrost und sei ein Mann. Wandle in den Wegen des Herrn, deines Gottes; halte seine Gebote und diene ihm mit ganzem Herzen und mit williger Seele. Wirst du ihn suchen, so wirst du ihn finden; wirst du ihn aber verlassen, so wird er dich verwerfen ewiglich. Der Herr hat dich erwählt, daß du ihm ein Haus bauest zum

Heiligthum; sei getrost und mache es." Darnach starb David und ward begraben in Jerusalem, nachdem er vierzig Jahre König gewesen war.

Eph. 6, 1—3. Ihr Kinder, seid gehorsam euren Eltern um des Herrn willen; denn das ist dem Herrn gefällig. Ehre Vater und Mutter, das ist das erste Gebot, das Verheißung hat.

O Gott, mein Vater, dein Gebot
Sei mir in's Herz geschrieben,
Die Eltern stets bis in den Tod
Zu ehren und zu lieben.
O dieser theuern, süßen Pflicht
Vergesse meine Seele nicht!

39.
Salomo.
(1. Kön. 2—11. 2. Chr. 1—9.)

Hiob 28, 28. Siehe, die Furcht des Herrn, das ist Weisheit, und meiden das Böse, das ist Verstand.

1. Salomo saß nun auf dem Throne seines Vaters David's. Er hatte den Herrn lieb und wandelte nach den Sitten seines Vaters. Und der Herr erschien ihm im Traum und sprach: "Bitte, was ich dir geben soll!" Salomo sprach: "Herr, mein Gott, du hast mich, deinen Knecht, zum König gemacht. Ich aber bin noch jung und unerfahren, und soll doch ein großes Volk regieren. So wollest du mir geben Weisheit und ein gehorsames Herz, daß ich dein Volk richten und verstehen möge, was gut und böse ist." Das gefiel dem Herrn wohl, daß Salomo um ein solches bat. Und Gott sprach zu ihm: "Weil du solches bittest, und bittest nicht um langes Leben, noch um Reichthum, sondern um Verstand, siehe, so habe ich dir ein weises und verständiges Herz gegeben. Dazu will ich dir auch geben, was du nicht gebeten hast, nämlich Reichthum und Ehre. Und so du wirst in meinen Wegen wandeln, wie dein Vater David, so will ich dir auch ein langes Leben geben."

2. Zu der Zeit kamen zwei Weiber zu Salomo. Die eine sprach: "Ach, mein Herr, ich und dieses Weib wohnten

in einem Haus und wir beide hatten jede ein Knäblein. Und dieses Weibes Sohn starb in der Nacht, denn sie hatte ihn im Schlafe erdrückt. Und sie stand auf und nahm meinen Sohn von meiner Seite, da ich schlief und legte ihn in ihren Arm, und ihren todten Sohn legte sie in meinen Arm. Und da ich erwachte, siehe, da war mein Sohn todt; aber am Morgen sah ich ihn an und siehe, es war nicht mein Sohn." Das andere Weib aber sprach: "Nicht also; mein Sohn lebt und dein Sohn ist todt." Da sprach der König: "Holet ein Schwert und theilt das lebendige Kind in zwei Theile und gebt dieser die Hälfte und jener die Hälfte." Da sprach die Mutter des Kindes, das noch lebte: "Ach, mein Herr, gebt dieser das Kind lebendig und tödtet es nicht." Jene aber sprach: "Es sei weder mein noch dein; laßt es theilen." Da sprach der König: "Gebt jener das Kind, die ist seine Mutter."

3. Salomo baute auch, wie ihm sein Vater David gesagt hatte, in Jerusalem einen prachtvollen Tempel. Sieben Jahre lang wurde daran gebaut. Als der Tempel fertig war, ließ Salomo die Bundeslade in das Allerheiligste stellen, hob seine Hände gen Himmel und sprach: "Herr Gott Israels! Siehe, der Himmel und aller Himmel Himmel können dich nicht fassen, wie sollte es denn dies Haus thun, das ich gebaut habe? Wende dich aber zum Gebet deines Knechtes und lasse deine Augen offen stehen über dieses Haus Tag und Nacht und erhöre das Gebet deines Volkes Israel von deiner Wohnung im Himmel." Nachdem er gebetet hatte, segnete er die ganze Gemeinde und brachte sammt dem ganzen Volk dem Herrn Dankopfer.

5. Unter Salomo lebte das Volk Israel glücklich und in Frieden; jeder wohnte sicher unter seinem Weinstock und Feigenbaum; und Salomo war reicher als alle Könige. Alle Gefäße in seinem Hause waren von Gold, denn des Silbers achtete man nicht. — Wie sein Vater David, dichtete auch Salomo Lieder, besonders viele weise Sprüche. Eine Sammlung derselben, vermehrt durch andere weise und fromme Männer, findet sich in dem biblischen Buch, das den Namen trägt: Die Sprüche Salomo's. Darin heißt es:

1. Mein Kind, gehorche der Zucht deines Vaters,
Und verlaß nicht das Gebot deiner Mutter.
Cap. 1, 8.
2. Mein Kind, wenn dich die bösen Buben locken,
So folge ihnen nicht. Cap. 1, 10.
3. Ein weiser Sohn ist seines Vaters Freude,
Aber ein thörichter Sohn ist seiner Mutter Grämen.
Cap. 10, 1.
4. Mancher ist arm bei großem Gut,
Und mancher ist reich bei seiner Armuth. Cap. 13,7.
5. Wer seiner Ruthe schont, der hasset seinen Sohn;
Wer ihn aber lieb hat, der züchtiget ihn bald.
Cap. 13, 24.
6. Gerechtigkeit erhöhet ein Volk,
Aber die Sünde ist der Leute Verderben. 14, 34.
7. Es ist besser ein Weniges mit der Furcht des Herrn,
Denn ein großer Schatz, darinnen Unruhe ist. 15, 16.
8. Des Menschen Herz schlägt seinen Weg an,
Aber der Herr allein gibt, daß er fort gehe. 16, 9.
9. Wer zu Grunde gehen soll, der wird zuvor stolz;
Und stolzer Muth kommt vor dem Falle.
Cap. 16, 18.
10. Ein Freund liebt allezeit,
Und ein Bruder wird in der Noth erfunden. 17, 17.
11. Wer sich des Armen erbarmt, der leiht es dem Herrn,
Der wird ihm wieder Gutes vergelten. 19, 17.
12. Gib mir, mein Sohn, dein Herz,
Und laß deinem Auge meine Wege wohlgefallen.
23, 26.
13. Rühme dich nicht des morgenden Tages,
Denn du weißt nicht, was heute sich begeben mag.
27, 1.
14. Wer seinen Acker baut, wird Brod's genug haben,
Wer aber dem Müßiggang nachgeht, wird Armuth
genug haben. 28, 19.

6. Da aber Salomo alt ward, vergaß er über dem Reichthum und Wohlleben den Herrn, seinen Gott. Er nahm Weiber aus heidnischen Völkern und sein Herz neigte sich zur Abgötterei. Da ward der Herr zornig über Salomo und verkündigte ihm, **nach** seinem Tode werde sein Königreich zu Grunde gehen. — Und Salomo starb, nachdem er 40 Jahre König war zu Jerusalem über ganz Israel.

Pred. Sal. 12, 7. 8. Der Staub muß wieder zu der Erde kommen, wie er gewesen ist, und der Geist wieder zu Gott, der ihn gegeben hat. Es ist alles ganz eitel, ganz eitel.

Ich bitte nicht um Ueberfluß,
Und Schätze dieser Erde;
Laß mir, so viel ich haben **muß**,
Nach deiner Gnade werden.
Gib mir nur Weisheit und Verstand,
Dich, Gott, und den, den du gesandt,
Und mich selbst zu erkennen.

Sieh' das Lied von Gellert No. 264 im gemeinschaftlichen Gesangbuch.

II. Das getheilte Reich.

(975—588 Jahre vor Christus.)

40.

Rehabeam.

(1. Kön. 12 u. f. w.)

Spr. Sal. 15, 1. Eine gelinde Antwort stillt den Zorn; **aber ein hartes Wort richtet Grimm an.**

1. Von nun an war's mit Israels Glanz und Herrlichkeit aus und vorbei, denn das Reich theilte sich jetzt in zwei Königreiche. Nach Salomo's Tod ward nämlich sein Sohn Rehabeam König an seiner Statt. Da kamen die Männer Israels und sprachen zu ihm: „Dein Vater hat unser Joch zu hart gemacht; so mache du nun den harten Dienst und das schwere Joch leichter, so wollen wir dir un-

terthänig sein." Und Rehabeam hielt einen Rath mit den Aeltesten, die seinem Vater Salomo gedient hatten, und sprach: "Wie rathet ihr, daß wir diesem Volk eine Antwort geben?" Sie sprachen zu ihm: "Wirst du das Volk erhören und ihnen gute Worte geben, so werden sie dir unterthänig sein dein Leben lang."

Aber dieser Rath der Aeltesten gefiel dem König übel, und er hielt einen Rath mit den Jungen, die mit ihm aufgewachsen waren. Und die Jungen sprachen: "Du sollst zu dem Volk also sagen: "Mein Vater hat euch ein schweres Joch aufgeladen, ich aber will es noch schwerer machen. Mein Vater hat euch mit Peitschen gezüchtigt, ich will euch mit Scorpionen*) züchtigen." — Diese harte Antwort gab der König dem Volke. Da sprach das Volk: "Was haben wir denn Theil an David? Israel hebe dich zu deinen Hütten." Also fielen 10 Stämme ab von Rehabeam und machten Jerobeam, einen Kriegsmann, zum Könige über Israel; nur die Stämme Juda und Benjamin blieben bei Rehabeam. So gab's nun ein Königreich Juda, mit der Hauptstadt Jerusalem, und ein Königreich Israel, mit der Hauptstadt Sichem; später wurde Samaria die Hauptstadt Israels.

2. Jahrhunderte lang blieben diese beiden Reiche getrennt und statt brüderlich neben einander zu wohnen und in Noth und Gefahr zusammenzustehen, führten sie oft grausame, blutige Kriege gegeneinander. Aber darin waren sie einander gleich, daß sie beide von der Anbetung des einigen, wahren Gottes abfielen. Sie dienten heidnischen Göttern, nahmen heidnische Sitten an, schlossen mit heidnischen Königen Bündnisse und wurden endlich zur Strafe dafür auch von heidnischen Königen unterjocht. So hat Gott heimgesucht der Väter Missethat an den Kindern, nicht blos bis in's dritte und vierte, sondern bis in's hundertste Glied, darum, daß sie nicht in Frieden bei einander blieben, daß sie den Einen Herrn, ihren Gott verließen, Götzen nachliefen, Bilder anbeteten und ihnen dienten.

Spr. Sal. 14, 34. Gerechtigkeit erhöhet ein Volk, aber die Sünde ist der Leute Verderben.

---

*) Scorpionen sind dicke, mit scharfen Stacheln versehenen Lederpeitschen. Sinn der Antwort: Mein Vater war streng gegen euch, ich werde noch strenger sein.

41.
Die Propheten.
(1. Kön. 17. 18.—2. Kön. 2. 5. — Hosea. Joel. Amos.)

Hebr. 1. 1. Vor Zeiten hat Gott manchmal und mancherlei Weise Weise geredet zu den Vätern durch die Propheten.

1. Von Zeit zu Zeit erweckte aber Gott in Israel gewaltige Gottesmänner, Propheten genannt, welche das Volk und seine Könige zur Buße riefen. Als lebendige Gottesstimmen traten sie furchtlos vor Volk und Könige, hielten ihnen ihre Sünden vor und ermahnten sie zur Umkehr von ihrem gottlosen Wesen. Da aber alle ihre Mahnungen umsonst waren und weder Volk noch Könige sich zur Buße treiben ließen, so verkündeten die Propheten immer ernster und immer drohender das nahe Verderben und den Untergang des ganzen Volkes. Zugleich sprachen aber die Propheten auch von einer bessern Zeit, die da kommen werde, eine Zeit, in welcher Gott einen Helfer senden werde, einen Messias, der die verirrte Menschheit wieder hinführen werde zu dem allein wahren Gott. Solche Propheten waren Elias, Elisa, Hosea, Amos und Joel.

2. Unter den Königen in Israel war Ahab einer der schlimmsten. Er erbaute dem Götzen Baal einen Tempel. Götzenpriester kamen in's Land; aber die Priester Jehova's wurden verfolgt und die Propheten getödtet. Da sprach der Prophet Elias zum König Ahab: „Du und deines Vaters Haus, ihr verwirret Israel, weil ihr des Herrn Gebote verlassen habt und wandelt fremden Göttern nach." Und zum Volk, das auf dem Berg Carmel versammelt war, sprach Elias: „Wie lange hinket ihr auf beiden Seiten? Ist Jehova Gott, so wandelt ihm nach; ist es aber Baal, so wandelt diesem nach." Die Priester Baal's, 450 an der Zahl, opferten nun ihrem Götzen Baal und riefen: „Baal, erhöre uns!" Aber da war keine Antwort. Als aber Elias dem Herrn ein Opfer brachte, da fiel Feuer vom Himmel und verzehrte es. Da fiel das Volk auf sein Angesicht und sprach: „Jehova ist Gott, Jehova ist Gott." Elias aber ließ die Priester Baals ergreifen und am Bach Kison tödten.

3. Hosea spricht: „Der Herr hat Ursache zu schelten, denn es ist keine Treue, keine Liebe, kein Wort Gottes im Lande; sondern Gotteslästern, Lügen, Morden, Stehlen, und Ehebrechen hat überhand genommen. Darum wird das Land jämmerlich stehen und es allen Einwohnern übel gehen. Du verwirfst Gottes Wort, darum will ich dich auch verwerfen, spricht der Herr. Bekehret euch zu dem Herrn, sprechet zu ihm: Vergib uns alle Sünde und thue uns wohl! So will ich ihren Abfall wieder heilen, spricht der Herr. Gern will ich sie lieben, und mein Zorn soll sich von ihnen wenden." (Hosea 4. 14.)

4. Durch den Propheten Joel spricht der Herr: „Bekehret euch zu mir von ganzem Herzen. Zerreißet eure Herzen, und nicht eure Kleider, und bekehret euch zu dem Herrn, eurem Gott, denn er ist gnädig, barmherzig und von großer Güte. Und ihr sollt es erfahren, daß ich der Herr, euer Gott bin. Ich will meinen Geist ausgießen über alles Fleisch, und eure Söhne und eure Töchter sollen weissagen. Wer den Namen des Herrn anrufen wird, der soll errettet werden. Denn auf dem Berge Zion und zu Jerusalem wird eine Errettung sein." (Joel 2, 12. 13 und 27 und Cap. 3, 1—5.)

5. Amos, ein Hirte, predigte: „Höret, was der Herr mit euch redet: „Man wird dies Land rings umher belagern und die Häuser plündern. Israel soll aus seinem Lande vertrieben werden, darum, weil ihr der Stimme eures Gottes nicht gehorcht. Aber die zerfallene Hütte Davids will ich wieder aufrichten und ihre Lücken verzäunen, und was abgebrochen ist, wieder aufrichten, und will sie bauen, wie sie vor Zeiten gewesen ist."

2. Petr. 1, 21. Es ist noch nie eine Weissagung aus menschlichem Willen hervorgebracht, sondern die heiligen Menschen Gottes haben geredet, getrieben von dem heiligen Geist.

2. Chr. 20, 20. „Höret mir zu, Juda, und ihr Einwohner zu Jerusalem: Glaubet an den Herrn, euren Gott, so werdet ihr sicher sein, und glaubet seinen Propheten, so werdet ihr Glück haben.

42.
Untergang des Reiches Israel.
(722 Jahre vor Christus.)

Die assyrische Gefangenschaft.
(2 Kön. 17.)

Gal. 6, 7. Irret euch nicht. Gott läßt sich nicht spotten; denn was der Mensch säet, das wird er ernten.

1. Im Reiche Israel glaubte man solcher Predigt der Propheten nicht und lachte über ihr Mahnen und Drohen. Die Gottlosigkeit nahm mehr und mehr überhand. Auf allen Hügeln und unter allen grünen Bäumen standen Götzenbilder und dieselben wurden vom ganzen Volke eifrig angebetet. Das ganze Land war voll davon. Neunzehn Könige regierten im Ganzen nacheinander über Israel, einer immer gottloser wie der andere. Die meisten zogen durch ihr eigenes Beispiel das Volk immer weiter von Gott und immer tiefer in's Verderben. Viele von ihnen wurden **von ihren Nachfolgern ermordet**.

2. Da brach plötzlich das Verderben über Israel herein, wie der Herr geredet hatte durch seine Knechte, die Propheten. Zu der Zeit nämlich, da Hosea König war in Israel, kam Salmanassar, der König von Assyrien, mit gewaltiger Heeresmacht, eroberte Israel und führte die Einwohner (10 Stämme) in die Gefangenschaft nach Assyrien. Nie mehr kehrten sie zurück in die Heimath. — Salmanassar ließ aber Heiden kommen in's Land Israel und setzte sie in die Stadt Samaria und in andere Städte. Diese Heiden vermischten sich mit den wenigen zurückgebliebenen Israeliten, und so entstand das Volk der Samariter, welches zwar den Herrn anbetete, aber nach Art der Heiden auch andern Göttern diente.

Ps. 5, 5. Du bist nicht ein Gott, dem gottlos Wesen gefällt; wer böse ist, bleibt nicht vor dir.

Hosea 13, 9. Israel, du bringst dich in Unglück, denn dein Heil steht allein bei mir.

43.
Das Reich Juda.

Die Könige Josaphat und Hiskia, die Propheten Jesaia und Micha.

(2. Kön. 16—21. — 2. Chron. 17—32. Jesaia, Micha.)

Röm 2, 4. Verachtest du den Reichthum seiner Güte, Geduld und Langmüthigkeit? Weißt du nicht, daß dich Gottes Güte zur Buße leitet?

1. Auch im Reiche Juda regierten 19 Könige, alle aus Davids Geschlecht. Viele derselben thaten, was dem Herrn nicht gefiel und verführten das Volk zum Götzendienst. Doch waren auch fromme Männer unter ihnen, die Gott fürchteten und die Götzenbilder zerstörten. Ein solcher König war Josaphat. Er setzte Richter über alle Städte und sprach zu ihnen: „Sehet zu, was ihr thut; denn ihr haltet das Gericht nicht den Menschen, sondern dem Herrn, bei welchem ist kein Unrecht und kein Ansehen der Person." — Ein anderer frommer König, Hiskia mit Namen, regierte über Juda in derselben Zeit, da Salmanassar das Reich Israel zerstörte. Hiskia entfernte die Götzenbilder und ließ im ganzen Lande das Volk ermahnen, sich zu Gott zu bekehren und ihm allein zu dienen.

2. Hiskia handelte aber in all dem nach dem Rath des Propheten Jesaia, des ersten unter den vier großen Propheten. Jesaia ermahnte mit ernsten Worten König und Volk zur Buße und zum Glauben an den allein wahren Gott. Er tadelte das Volk ob seines Undanks gegen Gott und seines sündhaften Treibens und sprach: „Ich habe Kinder auferzogen und erhöht, und sie sind von mir abgefallen. Ein Ochse kennt seinen Herrn und ein Esel die Krippe seines Herrn, aber Israel kennt ihn nicht und mein Volk vernimmt es nicht. O wehe des sündigen Volks, des Volks von großer Missethat. — Das ganze Haupt ist krank, das ganze Herz ist matt! — Lernet Gutes thun, trachtet nach Recht, helfet dem Unterdrückten, schaffet den Waisen Recht und helfet der Wittwen Sache.

So kommt dann und laßt uns mit einander rechten, spricht der Herr. Wenn eure Sünde gleich blutroth ist, soll sie doch schneeweiß werden; und wenn sie gleich ist wie Rosinfarbe, soll sie doch wie Wolle werden." (Jes. 1, 1—18.

Aber wie alle Propheten, so verbindet auch Jesaia mit seinen Strafreden die Verheißung einer besseren Zeit und spricht von dem kommenden Erlöser: „Das Volk, das im Finstern wandelt, sieht ein großes Licht. — Uns ist ein Kind geboren, ein Sohn ist uns gegeben; die Herrschaft ruht auf seiner Schulter, und er heißt Wunderbar, Rath, Kraft, Held, Ewigvater, Friedefürst. — Es wird ein Sproß aufgehen vom Stamme Isai und ein Zweig aus seiner Wurzel Frucht bringen, auf welchem wird ruhen der Geist des Herrn, der Geist der Weisheit und des Verstandes, der Geist des Rathes und der Kraft, der Geist der Erkenntniß und der Furcht des Herrn." (Jes. 9, 2. 6. Cap. 11, 1. 2.

3. Um dieselbe Zeit lebte auch der Prophet Micha, der zum Volke sprach: „Der Herr hat mit euch zu reden um eurer Sünde willen. Es ist dir gesagt, Mensch, was gut ist, und was der Herr von dir fordert, nämlich Gottes Wort halten, und Liebe üben, und demüthig sein vor deinem Gott." Von dem kommenden Erlöser weissagte Micha: „Du Bethlehem Ephrata, die du klein bist unter den Tausenden in Juda, aus dir soll mir der kommen, der in Israel Herr sei." Micha 6, 8. Cap. 5, 1.)

1. Petr. 1. 15. Nachdem, der euch berufen hat und heilig ist, seid auch ihr heilig in allem eurem Wandel.

Wie Gott mich führt, so will ich geh'n
Ohn' alles eigene Wählen.
Geschieht, was er mir ausersch'n,
Wird mir's an keinem fehlen.
Wie er mich führt, so folg' ich nach,
Auch unter Weh und Ungemach,
In kindlichem Vertrauen.

44.
Untergang des Reiches Juda.
Die babylonische Gefangenschaft.
Der Prophet Jeremia.
(588 Jahre vor Christus.)

(2. Kön. 24 f. 2 Chr. 36. Jeremia.)

Jer. 2, 19. Also mußt du inne werden und erfahren, was es für Jammer und Herzeleid bringt, den Herrn deinen Gott verlassen und ihn nicht fürchten, spricht der Herr Herr Zebaoth.

1. Etwa hundert Jahre nach Jesaia predigte der Prophet Jeremia, der zweite große Prophet, dem Volke Juda. Auch Jeremia erinnerte das Volk an die Wohlthaten Gottes und mahnte zur Buße. Er klagte: „Mein Volk thut eine zweifache Sünde, so spricht der Herr zu ihm, mich, die lebendige Quelle verlassen sie und machen sich ausgehauene Brunnen, die durchlöchert sind und kein Wasser geben. — Ein Storch unter dem Himmel weiß seine Zeit, eine Turteltaube, Kranich und Schwalbe merken ihre Zeit, wenn sie wiederkommen sollen, aber mein Volk will das Recht des Herrn nicht wissen." (Jer. 2, 13. Cap. 8, 7.)

2. Als Jeremia dem unbußfertigen Volk seinen Untergang verkündigte, ergriffen ihn die Priester und das Volk und wollten ihn tödten. Sie warfen ihn in eine Grube, die mit Schlamm gefüllt war. Der König Zedekia ließ ihn zwar wieder herausziehen, hielt ihn aber in strenger Gefangenschaft.

3. Da kam das Verderben auch über das Reich Juda; es mußte erfahren, daß von alle dem, was die Propheten geweissagt hatten, auch nicht Eines ausblieb. Nebukadnezar, der König der Chaldäer, fiel in's Land und eroberte Jerusalem. Der Tempel, des Königs Palast und alle Häuser der Stadt wurden verbrannt und die Stadtmauern niedergerissen. Nebukadnezar ließ das Volk nach Babylon, seine Hauptstadt, in die Gefangenschaft führen;

nur die Geringsten und Aermsten ließ er zurück als Weingärtner und Ackerleute. Auch alle Tempelgeräthe von Gold, Silber und Erz nahm er mit und stellte sie in das Haus seines Gottes. Dies geschah aber im Jahre 588 vor Christi Geburt.*)

4. Auch der Prophet Jeremia durfte in Jerusalem bleiben. Nun sang er auf den Trümmern der verwüsteten Stadt seine „Klagelieder." Darin heißt es: „Wie liegt die Stadt so wüste, die voll Volks war! Sie ist eine Wittwe. Die eine Fürstin unter den Heiden und eine Königin in den Ländern war, muß nun dienen. Säuglinge und Unmündige verschmachten auf den Gassen der Stadt, da sie sprachen zu ihren Müttern: „Wo ist Brod?" — Der Herr hat gethan, was er vorhatte; er hat sein Wort erfüllt, was er längst zuvor geboten hatte." (Klgl. 1, 1. Kap. 2, 11. 12.) Doch auch zu trösten verstand der Prophet: „**Die Güte des Herrn ist es**," spricht er, „**daß wir nicht gar aus sind; seine Barmherzigkeit hat noch kein Ende, sondern sie ist alle Morgen neu und seine Treue ist groß. Der Herr ist mein Theil, spricht meine Seele, darum will ich auf ihn hoffen**. (Klgl. 3, 22—24.) — Den Unzufriedenen ruft der Prophet zu: „Wie murren denn die Leute im Leben also? Ein jeglicher murre wider seine Sünde! (Klgl. 3, 39.)

Auch Jeremia weist sein Volk auf eine bessere Zeit hin: „Siehe, es kommt die Zeit, spricht der Herr, da will ich mit dem Hause Israel und mit dem Hause Juda einen **neuen Bund machen.** Ich will mein Gesetz **in ihr Herz geben und in ihren Sinn schreiben**, und sie sollen mein Volk sein, so will ich ihr Gott sein. Und sie sollen mich alle kennen, beide, Klein und Groß, spricht der Herr. Denn ich will ihnen ihre Missethat vergeben und ihrer Sünde nicht mehr gedenken." (Jer. 31, 31—34.)

Jer. 18, 11. So spricht der Herr: Siehe, ich bereite euch ein Unglück zu und habe Gedanken wider euch; darum kehre sich ein jeglicher von seinem bösen Wesen, und bessert euer Wesen und Thun.

---

*) Nebukadnezar erschien drei Mal **vor** Jerusalem und nahm jedes Mal einen Theil des Volkes Juda mit; 588 nahm **er** das ganze noch übrig gebliebene Volk mit nach Babylon.

Gott will nicht des Sünders Tod,
Darum übt er viel Erbarmen,
Züchtigt niemand ohne Noth,
Ist geduldig mit uns Armen.
Doch des Frevlers sich'rem Spiel
Setzet endlich er ein Ziel.

d. Israels Gefangenschaft und Rückkehr.

(588—536 vor Christus.)

45.

Die Propheten Hesekiel und Daniel.

(Hesekiel. Daniel.)

Ps. 68, 21. Wir haben einen Gott, der da hilft, und den Herrn, Herrn, der vom Tode errettet.

1. So waren denn nun die beiden Königreiche zerstört und fast das ganze Volk Israel lebte, eine gerechte Strafe für seine Untreue gegen Gott, in der Gefangenschaft, fern von der Heimath im fremden Lande, fern von den heiligen Stätten, da seine Väter Abraham, Isaak und Jakob wandelten, fern von Jerusalem, fern von dem Tempel mit seinen schönen Gottesdiensten. Aber auch in der Fremde erweckte ihnen Gott Propheten, die sein Wort verkündigten und das schwergeprüfte Volk trösteten. So trat hier der dritte große Prophet auf, Hesekiel. Durch den Mund dieses Propheten sprach Gott tröstend zu seinem Volk: „Ich will mich meiner Herde selbst annehmen und sie suchen. Ich will ihnen einen einigen Hirten erwecken, der sie weiden soll. — Und ich will euch ein neues Herz und einen neuen Geist geben; ich will das steinerne Herz aus eurem Fleische wegnehmen und euch ein fleischernes Herz geben. Ich will meinen Geist in euch geben und solche Leute aus euch machen, die in meinen Geboten wandeln." (Hes. 34, 23; und 36, 26.)

2. In die nämliche Zeit und in's nämliche Land, Babylonien, versetzt uns auch das Buch des vierten großen Propheten, des Propheten Daniel. Der junge Daniel wurde mit etlichen schönen und verständigen jüdischen Jünglingen auf Befehl des Königs Nebukadnezar am königlichen Hof in Babylon erzogen und zum Dienst beim König ausgebildet. Daniel ward klüger und weiser als alle Sternseher und Weisen im ganzen Lande und ward von Nebukadnezar und seinen Nachfolgern hoch geehrt. Obgleich er dadurch zu großer Ehre und Macht gelangte, blieb doch sein Herz seinem Gott und seinem Volke treu. Er trauerte über des Volkes Unglück und betete für seine baldige Erlösung und Errettung aus seinem Elend. — Aber gerade um ihres Glaubens willen kamen Daniel und seine Freunde später in große Gefahren. Weil die drei Freunde Daniels, Sadrach, Mesach und Abed-Nego, das goldene Bild des Königs nicht anbeten wollten, wurden sie in einen glühenden Ofen, und Daniel, weil er vom Gebet zum wahren Gott nicht ließ, ward in eine Löwengrube geworfen. Aber Gott sandte ihnen seinen Engel und errettete sie aus aller Noth.

3. Daniel hatte viele Träume und Gesichte, in denen er die Gedanken Gottes schaute. In einem dieser Gesichte erschien ihm Einer in des Himmels Wolken, wie eines Menschen Sohn, dem ward Gewalt, Ehre und Reich gegeben, daß ihm alle Völker und Zungen dienen sollten, dessen Gewalt ewig und dessen Königreich ohne Ende sein werde. (Daniel 7, 13. 14.)

Röm. 12, 12. Seid fröhlich in Hoffnung, geduldig in Trübsal, haltet an am Gebet.

46.
Mene, mene, tekel upharsin.
(Daniel 5.)

Hebr. 10, 31. Schrecklich ist es, in die Hände des lebendigen Gottes zu fallen.

1. Nach dem Tode Nebukadnezar's ward Belsazar König zu Babylon. Der machte ein herrliches Mahl seinen

Gewaltigen und Hauptleuten. Und da er betrunken war, ließ er in rohem Uebermuth die goldenen und silbernen Gefäße herbringen, die sein Vater Nebukadnezar aus dem Tempel zu Jerusalem weggenommen hatte. Und der König, seine Gewaltigen und seine Weiber tranken daraus, lobten dabei die Götter der Heiden und sprachen Jehova Hohn. Doch siehe! Da kamen hervor Finger wie eine Menschenhand, die schrieben auf die getünchte Wand. Da der König die Hand sah, die da schrieb, entfärbte er sich und erschrak sehr, daß seine Beine zitterten. Und er rief überlaut, man solle die Weisen und Wahrsager herbeibringen. Dieselben kamen, aber sie konnten weder die Schrift lesen, noch die Deutung dem Könige anzeigen.

2. Da ward Daniel gerufen und vor den König gebracht. Daniel las die Schrift und sagte dem König, was sie bedeute und sprach: „Herr König, du hast dich wider den Herrn des Himmels erhoben; die Gefäße seines Hauses habt ihr entheiligt und die Götter gelobt, die weder sehen, noch hören, noch fühlen. Darum ist von ihm gesandt diese Hand, und diese Schrift, die da heißt: „Mene, mene, tekel upharsin." Und sie bedeutet: „Gewogen, gewogen, und zu leicht befunden!" Und noch in derselben Nacht eroberte der König Darius die Stadt Babylon und Belsazar ward getödtet.

Röm. 1, 18. Gottes Zorn vom Himmel wird offenbart über alles gottlose Wesen und Ungerechtigkeit der Menschen.

2. Mos. 20, 7. Du sollst den Namen des Herrn, deines Gottes, nicht mißbrauchen; denn der Herr wird den nicht ungestraft lassen, der seinen Namen mißbraucht.

47.

Hiob, ein Trostgedicht in schwerer Zeit.

(Buch Hiob.)

Hebr. 12, 6. Welchen der Herr lieb hat, den züchtigt er.

1. Es war ein Mann im Lande Uz, der hieß Hiob. Derselbe war gottesfürchtig und meidete das Böse. Er war

aber sehr reich; er hatte sieben Söhne und drei **Töchter**, viel Gesinde und viel Vieh. —

Eines Tages aber kam ein Bote zu Hiob und sprach: „Die Araber sind ins Land gefallen und haben die Rinder und Eselinnen von der Weide hinweggeführt und die Hirten erschlagen. Ich bin allein entronnen, daß ich dir's ansage!" Da er noch redete, kam ein anderer und sprach: „Das Feuer Gottes fiel vom Himmel und verbrannte die Schafe und Hirten. Ich bin allein entronnen, daß ich dir's ansage!" Da er noch redete, kam einer und sprach: „Die Chaldäer nahmen die Kameele und schlugen die Hirten mit der Schärfe des Schwerts. Ich bin allein entronnen, daß ich dir's ansage!" Da er noch redete, kam einer und sprach: „Deine Söhne und Töchter aßen und tranken im Hause ihres Bruders. Siehe, da kam ein großer Wind von der Wüste her und stieß auf das Haus und warf es auf deine Söhne, daß sie starben. Ich bin allein entronnen, daß ich dir's ansage!" Da stand Hiob auf, zerriß sein Kleid, raufte sein Haupt, fiel auf die Erde und betete an und sprach: „Nackt kam ich in dieses Leben und nackt werde ich wieder dahinfahren. Der Herr hat es gegeben, der Herr hat es genommen; der Name des Herrn sei gelobt!" — Es kam aber noch eine andere schwere Prüfung über Hiob. Er ward bedeckt mit bösen Geschwüren von der Fußsohle bis zum Scheitel. Und sein Weib sprach zu ihm: „Hältst du noch fest an deiner Frömmigkeit? Ja, segne Gott und stirb." Er aber sprach zu ihr: „Du redest, wie die närrischen Weiber reden. Haben wir Gutes empfangen von Gott und sollten das Böse nicht auch annehmen. In diesem allen versündigte sich Hiob nicht."

2. Hiob hatte drei Freunde. Als diese von seinem Unglück hörten, kamen sie, ihn zu trösten; aber da sie ihn sahen, kannten sie ihn nicht und weinten. Und sie saßen mit ihm auf der Erde sieben Tage und sieben Nächte, und redeten nichts mit ihm, denn sie sahen, daß sein Schmerz sehr groß war. Darnach that Hiob seinen Mund auf und verfluchte den Tag seiner Geburt. Da sagten seine Freunde, er müsse ein großer Sünder sein, weil Gott ihm so viel Unglück zugeschickt habe. Hiob dagegen betheuerte seine Un-

schuld, erhob Zweifel an Gottes Gerechtigkeit und forderte den Herrn selber zum Gerichte auf. Da antwortete der Herr Hiob aus einem Wetter und sprach: „Wer ist der, der so fehlet in der Weisheit und redet so mit Unverstand? Ich will dich fragen, lehre mich!" Hiob konnte aber auf die Fragen des Herrn nicht antworten; er mußte bekennen: „Ich habe unweislich geredet über Dinge, die mir zu hoch sind und die ich nicht verstehe. Darum bin ich schuldig und thue Buße in Staub und Asche."

Und der Herr segnete Hiob wieder und gab ihm zwiefältig so viel als er gehabt hatte. Und Hiob lebte nach diesem noch viele Jahre und sah Kinder und Kindeskinder und starb alt und lebenssatt.

Tob. 3, 22. Wer Gott dient, der wird nach der Anfechtung getröstet, und aus der Trübsal erlöset, und nach der Züchtigung findet er Gnade.

Sollt es gleich bisweilen scheinen,
Als wenn Gott verließ die Seinen,
O so glaub' und weiß ich dies:
Gott hilft endlich doch gewiß.

Hilfe, die er aufgeschoben,
Hat er d'rum nicht aufgehoben;
Hilft er nicht zu jeder Frist,
Hilft er doch, wenn's nöthig ist.

48.

Des gefangenen Volkes Klage und Trost.

Ps. 39, 8. Nun Herr, weß soll ich mich trösten? Ich hoffe auf dich!

1. Obwohl es den Israeliten in der Gefangenschaft nicht gerade schlecht erging, so waren sie doch nichts weniger als glücklich. Manches heiße Gebet um Erlösung stieg auf zu Gott, und immer lebendiger wurde die Sehnsucht nach

Jerusalem. In ergreifender Weise ist dieses Heimweh in Psalm 42 ausgesprochen:

Wie der Hirsch schreit nach frischem Wasser,
  So schreit meine Seele, Gott, zu dir.
Meine Seele dürstet nach Gott,
  Nach dem lebendigen Gott.
Wann werde ich dahin kommen,
  Daß ich Gottes Angesicht schaue?
Meine Thränen sind meine Speise Tag und Nacht,
  Weil man täglich zu mir sagt: "Wo ist nun dein Gott?"
Ich ergieße mein Herz in Klagen,
  Wenn ich denke, wie ich einherzog im Haufen,
Mit ihnen wallte zum Hause Gottes
  Mit Frohlocken und Danken
  In feiernder Menge
Was betrübst du dich, meine Seele,
  Und bist so unruhig in mir?
Harre auf Gott! Denn ich werde ihm noch danken,
  Daß er meines Angesichtes Hilfe
  Und mein Gott ist.

An jene traurige Zeit erinnert auch der 137. Psalm:

An den Wassern zu Babylon saßen wir und weinten,
Wenn wir an Zion gedachten.
Unsere Harfen hingen wir an die Weiden, die darinnen sind.
Daselbst hießen uns singen, die uns gefangen hielten:
"Singet uns ein Lied von Zion!"
Wie sollten wir des Herrn Lied singen im fremden Lande?
Vergesse ich deiner, Jerusalem, so werde meiner Rechten ver=
                            gessen.

Auch Psalm 126 gehört in diese Zeit der Gefangenschaft; derselbe lautet:

Wenn der Herr die Gefangenen Zions erlösen wird,
So werden wir sein wie die Träumenden.
Da wird unser Mund voll Lachens
Und unsere Zunge voll Rühmens sein.
Da wird man sagen unter den Heiden:
„Der Herr hat Großes an ihnen gethan."
Der Herr hat Großes an uns gethan.
Deß sind wir fröhlich.
Herr, wende unser Gefängniß,
Wie du die Wasser gegen Mittag trocknest.
Die mit Thränen säen, werden mit Freuden ernten.
Sie gehen hin und weinen und tragen edlen Samen,
Und kommen mit Freuden und bringen ihre Garben.

2. Der zweite Theil des Buches Jesaia wurde ebenfalls damals geschrieben. Die nahe Errettung wird darin verheißen. Es heißt daselbst: „Tröstet, tröstet mein Volk, spricht euer Gott. Redet mit Jerusalem freundlich und predigt ihr, daß ihre Dienstbarkeit ein Ende hat, daß ihre Missethat vergeben ist. Denn sie hat zwiefältiges empfangen von der Hand des Herrn um alle ihre Sünde. Es ist die Stimme eines Predigers in der Wüste: Bereitet dem Herrn den Weg; macht auf dem Gefilde eine ebene Bahn unserm Gott. — Es sollen wohl Berge weichen und Hügel hinfallen, aber meine Gnade soll nicht von dir weichen, und der Bund meines Friedens soll nicht hinfallen, spricht der Herr, dein Erbarmer." — Mache dich auf, werde Licht," ruft der Prophet dem Volke zu, denn dein Licht kommt und die Herrlichkeit des Herrn geht auf über dir. Siehe, Finsterniß bedeckt das Erdreich und Dunkel die Völker; aber über dir geht auf der Herr, und seine Herrlichkeit erscheint über dir. Die Heiden werden in deinem Licht wandeln und die Könige im Glanz, der über dir aufgeht." (Jef. 40, 1—5. Cap. 54, 10. Cap. 60, 1—3.)

Matth. 5, 4. Selig sind, die da Leiden tragen, denn sie sollen getröstet werden.

Verzieht der Trost auch lange,
Weil's dir so heilsam ist,
So werde dir nicht bange,
Daß deiner Gott vergißt.
Er wird nach trüben Stunden,
Nur harr, o Seele, sein
Dich, den er treu erfunden,
Mit seiner Hilf erfreu'n.

49.
Die Rückkehr aus der Gefangenschaft.
(536 v. Chr.)
(Esra 1—6.)

Klgl. Jer. 3, 31. 32. Der Herr verstößt nicht ewiglich; sondern er betrübt wohl und erbarmt sich wieder nach seiner großen Güte.

1. Als die babylonische Gefangenschaft siebenzig Jahre gedauert hatte, erweckte der Herr den Geist des persischen Königs Kores, auch Cyrus genannt, daß er den Israeliten erlaubte, in ihre Heimath zurückzukehren. Auch gab er ihnen die Tempelgefäße mit, welche Nebukadnezar von Jerusalem weggenommen hatte.

Serubabel, ein jüdischer Fürst aus dem Hause David's, und Josua, der Hohepriester, führten den ersten Zug der Gefangenen nach Jerusalem zurück. Und sie begannen sofort, den Tempel Gottes zu bauen. Als die Bauleute den Grund zum Tempel legten, standen die Priester und Leviten in ihrem Schmucke da, mit Trompeten und Cymbeln, und alles Volk lobte den Herrn. Viele aber der alten Väter des Volks, welche die Herrlichkeit des vorigen Tempels noch gesehen hatten, weinten laut, so daß man das Freudengeschrei nicht unterscheiden konnte von dem Weinen des Volks.

2. Da aber die Leute in Samarien hörten, daß die Zurückgekehrten einen Tempel bauten in Jerusalem, kamen sie und sprachen: „Wir wollen mit euch bauen, denn wir su=

chen euren Gott, gleichwie ihr." Aber Serubabel und Josua und die andern Väter ließen es nicht zu. Da hinderten die Samariter die Juden (so heißt das Volk Israel seit der Rückkehr aus der Gefangenschaft) und hielten sie ab vom Bauen. Ja, sie verleumdeten die Juden beim König Kores, so daß sie eine Zeit lang nicht mehr bauen durften. Später erlaubte ihnen der König Darius, weiterzubauen und unterstützte sie sogar mit Geld und Lebensmitteln.

Pf. 103, 1. 2. Lobe den Herrn meine Seele, und was in mir ist, seinen heiligen Namen. Lobe den Herrn, meine Seele, und vergiß nicht, was er dir Gutes gethan hat.

50.
Esra und Nehemia.
Die letzten Propheten: Haggai, Sacharja, Maleachi.
(400 J. v. Chr.)
(Esra 7—10. Neh. 1—13. Haggai, Sacharja, Maleachi.)

Pf. 33, 4. Des Herrn Wort ist wahrhaftig. und was er zusagt, das hält er gewiß.

1. Zur Zeit des persischen Königs Artaxerxes führte Esra, ein Schriftgelehrter, einen zweiten Zug Israeliten von Babylon nach Jerusalem. Der König gab ihnen Gold und Silber mit. In Jerusalem angekommen, stellte Esra die Gottesdienste, das Priesterthum und die ganze bürgerliche Ordnung wieder her und reinigte das Volk von allem heidnischen Wesen, das es sich in der Gefangenschaft unter den Heiden angewöhnt hatte.

2. Dreizehn Jahre später folgte unter Nehemia ein dritter Zug. Nehemia fing an, eine Mauer zu bauen um die Stadt Jerusalem. Aber die Samariter und andere Feinde der Juden wollten das Werk hindern und die Arbeiter überfallen und tödten. Aber Nehemia stellte Tag und Nacht Wachen auf. Mit einer Hand verrichteten die Männer die Arbeit und mit der andern Hand hielten sie die Waffen. So wurde die Mauer in 52 Tagen fertig. Da versammelte sich das ganze Volk und Esra las ihm aus dem

Buche des Gesetzes vor. Und sie weinten und machten einen Bund mit Gott und schwuren, treu zu wandeln im Gesetze des Herrn.

3. Auch in diesen Zeiten traten noch immer Propheten auf in Israel, welche besonders deutlich auf den kommenden Messias hinwiesen. Haggai weissagt: „Es ist noch ein kleines dahin, da soll kommen aller Heiden Trost. Und ich will dies Haus voll Herrlichkeit machen. Es soll die Herrlichkeit dieses Hauses größer werden, denn das erste gewesen ist, spricht der Herr Zebaoth." (Haggai 2, 7—10.)

Der Prophet Sacharja sah im Geiste den Einzug des Herrn: „Du Tochter Zion, freue dich sehr, und du Tochter Jerusalem's, jauchze; siehe, dein König kommt zu dir, ein Gerechter und Helfer, arm, und reitet auf einem Esel, auf einem jungen Füllen der Eselin." (Sach. 9, 9.)

Durch den Mund des Propheten Maleachi, des letzten Propheten des alten Bundes, spricht der Herr: „Siehe, ich will meinen Engel senden, der vor mir her den Weg bereiten soll. Und bald wird kommen zu seinem Tempel der Herr, den ihr sucht, und der Engel des Bundes, dessen ihr begehrt. Siehe, er kommt, spricht der Herr Zebaoth." (Mal. 3, 1.)

Noch nie hast du dein Wort gebrochen,
Nie deinen Bund, o Gott verletzt;
Du hältst getreu, was du versprochen,
Vollführst, was du dir vorgesetzt.
Wenn Erd' und Himmel auch vergeh'n,
Bleibt ewig doch dein Wort besteh'n.

51.
Die Bücher des alten Testaments.

Ps. 119, 105. Dein Wort ist meines Fußes Leuchte und ein Licht auf meinem Wege.

1. Seit Maleachi sandte Gott dem jüdischen Volk keine Propheten mehr. Er hatte seit den ältesten Zeiten manch-

mal und auf mancherlei Weise zu ihm geredet, nämlich durch seine gnädige Führung, durch sein Gesetz und durch den Mund der Propheten. Dieses Gotteswort war und ist dazu bestimmt, den Menschen ein Licht zu sein auf ihrem Wege. Es wurde von Männern Gottes in Schriften verzeichnet, zusammengestellt und geordnet (150 J. v. Chr.) als die sogenannten **kanonischen** Bücher des alten Testaments. Aus diesen kanonischen Büchern wurden und werden in den Gottesdiensten der Juden einzelne Abschnitte vorgelesen und erklärt, wie ja auch in unsern christlichen Gottesdiensten oft über Texte aus dem alten Testament gepredigt wird.

Die Schriften des alten Testaments werden eingetheilt in **Geschichtsbücher, Lehrbücher** und **prophetische Bücher**.

A. Geschichtsbücher.

1. Die fünf Bücher Moses.
2. Das Buch Josua.
3. Das Buch der Richter.
4. Das Buch Ruth.
5. Die zwei Bücher Samuels.
6. Die zwei Bücher der Könige.
7. Die zwei Bücher der Chronika.
8. Das Buch Esra.
9. Das Buch Nehemia.
10. Das Buch Esther.

B. Lehrbücher.

1. Das Buch Hiob.
2. Die Psalmen.
3. Die Sprüche Salomo's.
4. Der Prediger Salomo.
5. Das Hohelied Salomo's.

C. Prophetische Bücher.

1. Der Prophet Jesaia.
2. Der Prophet Jeremia.

3. Der Prophet Hesekiel.
4. „ „ Daniel.
5. „ „ Hosea.
6. „ „ Joel.
7. „ „ Amos.
8. „ „ Obadja.
9. „ „ Jona.
10. „ „ Micha.
11. „ „ Nahum.
12. „ „ Habakuk.
13. „ „ Zephanja.
14. „ „ Haggai.
15. „ „ Sacharja.
16. „ „ Maleachi.

2. Später wurden dem alten Testament noch andere Bücher beigefügt, welche mit dem Namen „Apokryphen" bezeichnet werden. Dieselben haben nicht das Ansehen der kanonischen Bücher, sind aber doch nützlich und gut zu lesen. Sie heißen:

Das Buch Judith;
Die Weisheit Salomo's;
Das Buch des Tobias;
Das Buch Jesus Sirach;
Das Buch Baruch;
Die zwei Bücher der Makkabäer;
Stücke in Esther;
Die Geschichte von Susanna und Daniel;
Vom Bel zu Babel;
Vom Drachen zu Babel;
Das Gebet des Asarja;
Der Gesang der drei Männer im Feuerofen;
Das Gebet des Manasse.

2. Tim. 3, 16. 17. Alle Schrift von Gott eingegeben, ist nütze zur Lehre, zur Strafe, zur Besserung, zur Züchtigung in der Gerechtigkeit, daß ein Mensch Gottes sei vollkommen zu allem guten Werk geschickt.

52
Letzte Schicksale des jüdischen Volkes bis zur Erscheinung des Heilandes.

Tob. 3, 5. Und nun, Herr, schrecklich sind deine Gerichte, weil wir deine Gebote nicht gehalten.

1. Nach der Rückkehr aus der babylonischen Gefangenschaft erfreuten sich die Juden eine Zeit lang eines ruhigen Lebens unter der Herrschaft der **persischen** Könige. Darnach machte **Alexander der Große**, König von Macedonien, der persischen Herrschaft ein Ende und eroberte auch Palästina. (331 J. v. Chr.) Nach Alexanders Tod standen die Juden fast 100 Jahre unter der Herrschaft Egyptens. (320—233 v. Chr.) Darauf kamen sie unter die Herrschaft der Könige von **Syrien**. Der erste König derselben war freundlich gegen die Juden, aber der König **Antiochus Epiphanes** verwüstete den Tempel in Jerusalem, verbrannte die Stadt, riß die Mauern nieder und führte mit Waffengewalt im ganzen Lande heidnischen Gottesdienst ein. (167 v. Chr.) Viele Juden fielen da von Gott ab und beteten die heidnischen Götter an; andere aber blieben in der grausamsten Verfolgung ihrem Gott getreu. Da erhob sich das Heldengeschlecht der **Makkabäer**, sammelte die treugebliebenen Juden, vertrieb in einem langen, blutigen Krieg die Syrier und stellte den reinen Jehovadienst im Tempel zu Jerusalem wieder her. Nun lebte das Volk wieder mehr als 50 Jahre in Frieden. Als aber unter den Juden selbst Streitigkeiten ausbrachen, kamen die Römer in's Land (63 v. Chr.) und setzten Statthalter darüber. Einer von diesen war Herodes, unter welchen Jesus Christus geboren wurde. Nach Herodes Tod (2 n. Chr.) wurde das jüdische Land unter seine drei Söhne **Archelaus, Philippus** und **Herodes Antipas** getheilt. Während dieser Zeit war **Augustus** Kaiser in Rom.

2. Unter dem schweren Druck der römischen Herrschaft wurde die Sehnsucht des jüdischen Volkes nach dem von den Propheten verheißenen Messias immer heißer und glühender. Die meisten Juden hegten freilich die thörichte Hoffnung, der Messias werde die Römer aus dem Lande vertreiben und ein irdisches Königreich, ähnlich dem Reiche David's aufrichten und die frühere Herrlichkeit des jüdischen Volkes wieder herstellen. Aber es gab doch auch noch wahrhaft fromme Juden, die ihre alleinige Hoffnung auf den Trost Israels setzten und in stiller Sehnsucht auf den Erlöser warteten. Ja, auch die besseren unter den Heiden fingen schon an, die Nichtigkeit der Götzen zu erkennen und sich nach einer Anbetung Gottes im Geiste und in der Wahrheit zu sehnen.

Mal. 4, 2. Euch aber, die ihr meinen Namen fürchtet, soll aufgehen die Sonne der Gerechtigkeit.

> Erfüllt sind Stund und Zeiten,
> Der neue Tag bricht an.
> Das Licht der Ewigkeiten
> Tritt auf die Siegesbahn.

Neues Testament.

Jesus, der Kinderfreund.
(Marc. 10, 13—16.)

Zweiter Theil.

Neues Testament.

A. Jesus Christus der Heiland der Welt.

Joh. 16, 28. Ich bin vom Vater ausgegangen und gekommen in die Welt; wiederum verlasse ich die Welt und gehe zum Vater.

I. Jesus geht vom Vater aus und kommt in die Welt.

1.
Verkündigung der Geburt Johannis des Täufers und Jesu Christi.
(Luc. 1.)

Joh. 3, 16. Also hat Gott die Welt geliebt, daß er seinen eingebornen Sohn gab.

1. Zu der Zeit, da Herodes König im jüdischen Lande war, wurde dem Priester Zacharias und seinem Weibe Elisabeth, einem hochbetagten frommen Ehepaar, aus Engelsmund die Verheißung, daß sie einen Sohn bekommen werden, dessen Name Johannes sein solle. Derselbe werde viele Kinder Israels zu Gott bekehren und dem Herrn ein bereitet Volk zurichten.

2. Sechs Monate später ward der Engel Gabriel gesandt von Gott in eine Stadt in Galiläa*), die heißt Nazareth, zu einer Jungfrau, die verlobt war einem Manne mit Namen Joseph, vom Hause Davids; und die Jungfrau hieß Maria. Und der Engel kam zu ihr hinein und sprach: „Gegrüßet seist du, Holdselige! Der Herr ist mit dir, du Gesegnete unter den Weibern." Sie erschrak über diese Rede und dachte: „Welch ein Gruß ist das?" Und der Engel sprach zu ihr: „Fürchte dich nicht, Maria, du hast Gnade bei Gott gefunden. Siehe, du wirst einen Sohn gebären, deß Namen sollst du **Jesus** heißen. Der wird groß und ein Sohn des Höchsten genannt werden; und Gott der Herr wird ihm den Thron seines Vaters David's geben! Und er wird ein König sein über das Haus Jakobs ewiglich, und seines Königreichs wird kein Ende sein." Maria aber sprach: „Siehe, ich bin des Herrn Magd; mir geschehe, wie du gesagt hast." Und der Engel schied von ihr.

3. Elisabeth aber, des Zacharias Weib, gebar einen Sohn und sie nannten ihn **Johannes**. Und sein Vater Zacharias ward des heiligen Geistes voll, weissagte und sprach: „Gelobet sei der Herr, der Gott Israels, denn er hat besucht und erlöst sein Volk, wie er vor Zeiten geredet hat durch den Mund seiner heiligen Propheten, und hat gedacht an seinen heiligen Bund und an den Eid, den er geschworen hat unserm Vater Abraham. **Und du, Kindlein, wirst ein Prophet des Höchsten heißen; du wirst vor dem Herrn hergehen, daß du seinen Weg bereitest und Erkenntniß des Heils gebest seinem Volk, die da ist in Vergebung ihrer Sünden!"**

Und Johannes wuchs und ward stark im Geist; und war in der Wüste, bis daß er sollte hervortreten vor das Volk Israel.

<small>Mal. 3, 1. Siehe, ich will meinen Engel senden, der vor mir her den Weg bereiten soll. Und bald wird kommen in seinen Tempel der Herr, den ihr suchet, und der Engel des Bundes, den ihr begehret.</small>

<small>*) Das Land Palästina war in drei Provinzen eingetheilt: Judäa, Samaria, Galiläa.</small>

Gott sei Dank in aller Welt,
Der sein Wort beständig hält,
Und der Sünder Trost und Rath
Zu uns hergesendet hat!

2.
Die Geburt Jesu Christi.
(Luc. 2.)

Gal. 4, 4. Da aber die Zeit erfüllt ward, sandte Gott seinen Sohn.

1. Es begab sich aber zu der Zeit, daß ein Gebot vom Kaiser Augustus ausging, daß alle Welt geschätzt würde. Und jedermann ging, daß er sich schätzen ließe, ein jeglicher in seine Stadt. Da machte sich auch auf Joseph*) aus Galiläa, aus der Stadt Nazareth, und zog in das jüdische Land, zur Stadt Davids, die da heißt **Bethlehem**; darum, weil er von dem Geschlecht Davids war; auf daß er sich schätzen ließe mit Maria, seinem Weibe. Und als sie daselbst waren, gebar Maria ihren ersten Sohn, und wickelte ihn in Windeln und legte ihn in eine Krippe, denn sie hatten sonst keinen Raum in der Herberge.

2. Und es waren Hirten in derselbigen Gegend auf dem Felde, die hüteten des Nachts ihre Heerde. Und siehe, des Herrn Engel trat zu ihnen, und die Klarheit des Herrn leuchtete um sie, und sie fürchteten sich sehr. Und der Herr sprach zu ihnen: „**Fürchtet euch nicht, siehe, ich verkündige euch große Freude, die allem Volk widerfahren wird. Denn euch ist heute der Heiland geboren, welcher ist Christus der Herr, in der Stadt Davids.** Und das habt zum Zeichen: ihr werdet finden das Kind in Windeln gewickelt und in einer Krippe liegend." Und alsbald war da bei dem Engel die Menge der himmlischen Heerschaaren, die lobten Gott und sprachen: „**Ehre sei Gott in der Höhe, Friede auf Erden und den Menschen ein Wolgefallen.**"

---
*) Joseph betrieb das Handwerk eines Zimmermanns, eines Bauschreiners.

3. Und da die Engel von ihnen gen Himmel fuhren, sprachen die Hirten unter einander: "Lasset uns nun gehen gen Bethlehem, und die Geschichte sehen, die da geschehen ist, und die uns der Herr kund gethan hat." Und sie kamen eilend und fanden beide, Maria und Joseph, dazu das Kind in der Krippe liegend. Da sie es aber gesehen hatten, breiteten sie das Wort aus, welches ihnen von diesem Kinde gesagt war. Und alle, vor die es kam, wunderten sich der Rede, die ihnen die Hirten gesagt hatten. Maria aber behielt alle diese Worte und bewegte sie in ihrem Herzen. Und die Hirten kehrten wieder um, priesen und lobten Gott um alles, das sie gesehen hatten.

Und da acht Tage um waren, wurde das Kind beschnitten und ihm der Name Jesus gegeben.

Apg. 4, 12. Es ist in keinem andern Heil, ist auch kein anderer Name den Menschen gegeben, darinnen wir sollen selig werden, als der Name Jesus.

Vom Himmel kam in dunkler Nacht,
Der uns das Lebenslicht gebracht!
Nun leuchtet uns ein milder Strahl
Wie Morgenroth im dunklen Thal.

3.
Darstellung Jesu im Tempel.
(Luc. 2.)

1. Cor. 12, 3. Niemand kann Jesum einen Herrn heißen, ohne durch den heiligen Geist.

1. Nach 40 Tagen brachten Joseph und Maria das Kind Jesus gen Jerusalem, auf daß sie es darstellten dem Herrn und gäben das Opfer, wie geschrieben steht im Gesetz: ein Paar Turteltauben, oder zwei junge Tauben.

Und siehe, ein Mensch war zu Jerusalem, mit Namen S i m e o n, der war fromm und gottesfürchtig und wartete auf den Trost Israels. Denn er hatte vom heiligen Geist die Verheißung empfangen, er solle den Tod nicht sehen, er hätte denn zuvor den Christ des Herrn gesehen. Und Simeon kam auf Anregen des Geistes in den Tempel und sah das Kind Jesus. Und er nahm das Kind auf seine Arme, lobte Gott und sprach: „Herr, nun lässest du deinen Diener in Frieden fahren, wie du gesagt hast; denn meine Augen haben deinen Heiland gesehen, welchen du bereitet hast vor allen Völkern, ein Licht, zu erleuchten die Heiden und zum Preis deines Volkes Israel."

2. Und sein Vater und Mutter wunderten sich deß, das von ihrem Sohn geredet ward. Simeon aber segnete sie und sprach zu Maria, der Mutter Jesu: „Siehe, dieser wird gesetzt zu einem Fall und Auferstehen vieler in Israel, und zu einem Zeichen, dem widersprochen wird. Und es wird ein Schwert durch deine Seele dringen, auf daß vieler Herzen Gedanken offenbar werden.

Auch eine alte Prophetin, Hanna, eine Wittwe von 84 Jahren, trat herzu, pries den Herrn und redete von ihm zu allen, die in Jerusalem auf die Erlösung warteten.

1. Cor. 1, 30. Christus ist uns von Gott gemacht zur Weisheit, und zur Gerechtigkeit, und zur Heiligung, und zur Erlösung.

> Die Völker haben dein geharrt,
> Bis daß die Zeit erfüllet ward;
> Da sandte Gott von seinem Thron
> Das Heil der Welt, dich, seinen Sohn.

4.
Die Weisen aus Morgenland.
(Matth. 2.)

Jes. 60, 3. Die Heiden werden in deinem Lichte wandeln, und die Könige im Glanze, der über dir aufgeht.

1. Da Jesus zu Bethlehem geboren war, siehe, da kamen die Weisen*) vom Morgenlande gen Jerusalem und

---

*) Weisen, d. i. Naturkundige. Die Sage erzählt, daß es drei Könige waren Kaspar, Melchior und Balthasar. Die Kirche feiert den 6. Januar, Epiphanias, als ihren Gedächtnißtag; Epiphanias-Erscheinung. Diese Weisen huldigten als die ersten Heiden dem Erlöser, dem Heiland der Welt.

sprachen: „Wo ist der neugeborne König der Juden? Wir haben seinen Stern gesehen im Morgenlande und sind gekommen, ihn anzubeten. Da das der König Herodes hörte, erschrak er, und mit ihm ganz Jerusalem. Und ließ versammeln alle Hohenpriester und Schriftgelehrten und erforschte von ihnen, wo Christus sollte geboren werden. Und sie sagten ihm: „Zu Bethlehem, im jüdischen Lande; denn also steht geschrieben im Propheten Micha: „Und du, Bethlehem im jüdischen Lande, bist nicht die kleinste unter den Städten Juda's, denn aus dir soll mir kommen der Herzog, der über mein Volk Israel ein Herr sei!" Da berief Herodes die Weisen und fragte sie genau, wann der Stern erschienen sei; und wies sie gen Bethlehem und sprach: „Ziehet hin, und forschet fleißig nach dem Kindlein; und wenn ihr es findet, so sagt mir es wieder, daß ich auch komme, und es anbete."

2. Die Weisen zogen nun hin; und siehe, der Stern, den sie im Morgenlande gesehen hatten, ging vor ihnen her, bis daß er über dem Hause stand, in welchem das Kindlein war.

Da sie den Stern sahen, wurden sie hoch erfreut, gingen in das Haus und fanden das Kindlein mit Maria, seiner Mutter, und fielen nieder und beteten es an, thaten ihre Schätze auf und schenkten ihm Gold, Weihrauch und Myrrhen.

Und Gott befahl ihnen im Traume, sie sollten nicht zu Herodes zurückkehren. Da zogen sie auf einem andern Weg in ihr Land.

3. Da sie aber hinweggezogen waren, siehe, da erschien der Engel des Herrn dem Joseph im Traum und sprach: „Stehe auf, und nimm das Kindlein und seine Mutter zu dir, und fliehe nach Egyptenland, und bleibe allda bis ich dir sage; denn Herodes will das Kindlein tödten." Und er stand auf, nahm das Kindlein und seine Mutter zu sich, bei der Nacht, und entwich nach Egyptenland.

4. Da Herodes nun sah, daß er von den Weisen betrogen war, ward er sehr zornig, und schickte aus und ließ alle Kinder zu Bethlehem tödten, die da zweijährig und darunter

waren, nach der Zeit, die er mit Fleiß von den Weisen erlernt hatte.

5. Da aber Herodes gestorben war, siehe, da erschien der Engel des Herrn dem Joseph im Traum und sprach: „Stehe auf und nimm das Kindlein und seine Mutter zu dir und ziehe hin in das Land Israel; sie sind gestorben, die dem Kinde nach dem Leben standen." Und sie machten sich auf und kamen nach Nazareth und wohnten daselbst.

Pf. 91, 11. 12. Er hat seinen Engeln befohlen über dir, daß sie dich behüten auf allen deinen Wegen, daß sie dich auf den Händen tragen, und du deinen Fuß nicht an einen Stein stoßest.

Werde Licht, du Volk der Heiden!
Werde Licht, Jerusalem!
Dir geht auf ein Glanz der Freuden
Vom geringen Bethlehem.
Er, das Licht und Heil der Welt,
Christus, hat sich eingestellt!

5.

Der zwölfjährige Jesus im Tempel.
(Lucas 2, 41—52.)

Spr. Sal. 8, 17. Ich liebe, die mich lieben; und die mich frühe suchen, finden mich.

1. Die Eltern Jesu gingen alle Jahre nach Jerusalem auf das Osterfest. Und da Jesus zwölf Jahre alt war, gingen sie hinauf nach Jerusalem nach Gewohnheit des Festes. Und da die Tage vollendet waren und sie wieder nach Hause gingen, blieb das Kind Jesus zu Jerusalem und seine Eltern wußten es nicht. Sie meinten aber, er wäre unter den Gefährten und kamen eine Tagereise und suchten ihn unter den Gefreundten und Bekannten. Und da sie ihn nicht fanden, gingen sie wieder nach Jerusalem und suchten ihn.

2. Und nach drei Tagen fanden sie ihn im Tempel sitzen, mitten unter den Lehrern, daß er ihnen zuhörte und sie fragte. Und alle, die ihm zuhörten, verwunderten sich seines Verstandes und seiner Antwort. Und da sie ihn sahen, ent-

setzten sie sich; und seine Mutter sprach zu ihm: „Mein Sohn, warum hast du uns das gethan? Siehe, dein Vater und ich haben dich mit Schmerzen gesucht." Und er sprach zu ihnen: „Was ist es, daß ihr mich gesucht habt? Wisset ihr nicht, daß ich sein muß in dem, das meines Vaters ist?" Und sie verstanden das Wort nicht; aber Maria behielt es in ihrem Herzen.

3. Und er ging mit ihnen hinab nach Nazareth und war ihnen unterthan. Und Jesus nahm zu an Weisheit, Alter und Gnade bei Gott und den Menschen.

Pf. 26, 8. Herr, ich habe lieb die Stätte deines Hauses und den Ort, da deine Ehre wohnt.

Col. 3, 20. Ihr Kinder, seid gehorsam den Eltern in allen Dingen, denn das ist dem Herrn gefällig.

Eph. 4, 15. Lasset uns wachsen in allen Stücken an dem, der das Haupt ist, Christus.

II. Jesu Wirken in der Welt.
Sein Evangelium in Wort und That.

6.
Johannes der Täufer.
Jesus wird getauft und versucht.
(Matth. 3 und 4. Marc. 1. Luc. 3. Joh. 1.)

Röm. 13, 12. Die Nacht ist vergangen, der Tag aber herbeigekommen; so laßt uns ablegen die Werke der Finsterniß und anlegen die Waffen des Lichts.

1. Johannes, der in der Wüste war, trat vor das Volk Israel, predigte und sprach: „Thut Buße, das Himmelreich ist nahe herbeigekommen." Und es ging zu ihm hinaus das ganze jüdische Land, und die von Jerusalem, und ließen sich taufen von ihm im Jordan, und bekannten ihre Sünden. Johannes hatte aber ein Kleid von Kameelshaaren und einen ledernen Gürtel um seine

Lenden und seine Speise war Heuschrecken und wilder Honig.

2. Da kamen die Priester und Leviten aus Jerusalem zu ihm und fragten ihn: „Was bist du?" Und er bekannte: „Ich bin nicht Christus." Und sie fragten ihn: „Was denn?" Er sprach: „Ich bin eine Stimme eines Predigers in der Wüste: Richtet den Weg des Herrn!" Da sprachen sie: „Warum taufst du denn, so du nicht Christus bist?" Johannes antwortete ihnen und sprach: „Ich taufe mit Wasser zur Buße; es kommt aber ein Stärkerer nach mir, dem ich nicht werth bin, daß ich seine Schuhriemen auflöse. Der wird euch mit dem heiligen Geist und mit Feuer taufen. In seiner Hand ist die Wurfschaufel, und er wird seine Tenne fegen und den Weizen in seine Scheune sammeln, aber die Spreu wird er verbrennen mit ewigem Feuer."

3. Zu der Zeit ging Jesus in's dreißigste Jahr. Und er kam aus Galiläa an den Jordan zu Johannes, daß er sich von ihm taufen ließe. Aber Johannes wehrte ihm und sprach: „Ich bedarf wohl, daß ich von dir getauft werde; und du kommst zu mir?" Jesus aber antwortete und sprach zu ihm: „Laß jetzt also sein; also gebührt es uns, alle Gerechtigkeit zu erfüllen." Da ließ er es zu. Und da Jesus getauft war, stieg er herauf aus dem Wasser und betete; und siehe, da that sich der Himmel auf über ihm. Und Johannes sah den Geist Gottes, gleich als eine Taube, herabfahren und über ihn kommen. Und siehe, eine Stimme vom Himmel herab sprach: „**Dies ist mein lieber Sohn, an welchem ich Wohlgefallen habe.**"

4. Darnach ward Jesus vom Geist in die Wüste geführt, auf daß er vom Teufel versucht würde. Und da er vierzig Tage und vierzig Nächte gefastet hatte, hungerte ihn. Und der Versucher trat zu ihm und sprach: „Bist du Gottes Sohn, so sprich, daß diese Steine Brod werden." Jesus aber sprach: „Es steht geschrieben, **der Mensch lebt nicht vom Brod allein, sondern von einem jeglichen Wort, das durch den Mund Gottes geht.** (5. Mos. 8, 3.)

5. Da führte ihn der Teufel mit sich in die heilige Stadt und stellte ihn auf die Zinne des Tempels, und sprach zu ihm: „Bist du Gottes Sohn, so laß dich hinab; denn es steht geschrieben: Er wird seinen Engeln über dir Befehl thun und sie werden dich auf den Händen tragen, auf daß du deinen Fuß nicht an einen Stein stoßest." Da sprach Jesus zu ihm: „Wiederum stehet auch geschrieben: Du sollst Gott, deinen Herrn, nicht versuchen." (Ps. 91, 11. 5. Mos. 6, 16.

6. Wiederum führte ihn der Teufel mit sich auf einen sehr hohen Berg und zeigte ihm alle Reiche der Welt und ihre Herrlichkeit und sprach zu ihm: „Dies alles will ich dir geben, so du niederfällst und mich anbetest!" Da sprach Jesus zu ihm: „Hebe dich weg von mir, Satan, denn es steht geschrieben: „Du sollst anbeten Gott, deinen Herrn, und ihm allein dienen. (5. Mos. 6, 13.)

Da verließ ihn der Teufel und siehe, da traten die Engel zu ihm und dienten ihm.

Hebr. 2, 17. Er mußte in allen Dingen seinen Brüdern gleich werden, auf daß er barmherzig würde und ein treuer Hoherpriester vor Gott, zu versöhnen die Sünde des Volks.

Ach Gott verlaß mich nicht! Ich ruf aus Herzensgrunde;
Ach Höchster, stärke mich in jeder bösen Stunde!
Wenn mir Versuchung naht und meine Seel' anficht,
So weiche nicht von mir! Ach Gott, verlaß mich nicht!

7.

Jesus sammelt Jünger um sich.

Petri Fischzug.

(Matth. 4. 9. Marc. 2. Luc. 5. Joh. 1.)

Joh 12, 26. Wer mir dienen will, der folge mir nach; und wo ich bin, da soll mein Diener auch sein. Und wer mir dienen wird, den wird mein Vater ehren.

1. Jesus ging nach Galiläa und wohnte in Kapernaum,*) einer Stadt am See Genezareth, welcher auch

---

*) Kapernaum wird seine Stadt genannt, d. h. die Stadt, in welcher sich Jesus oft und gerne aufhielt.

galiläisches Meer genannt wird. Und Jesus fing an zu predigen und sprach: „Die Zeit ist erfüllt und das Reich Gottes ist herbeigekommen. Thut Buße und glaubet an das Evangelium." Er sammelte nun Jünger um sich, die ihn beständig begleiteten und die später als Apostel das Evangelium hinaustrugen in alle Welt.

2. Es begab sich aber, da sich das Volk zu Jesu drängte, zu hören das Wort Gottes; und er stand am See Genezareth und sah zwei Schiffe am See stehen; die Fischer aber waren ausgetreten und wuschen ihre Netze. Da trat er in der Schiffe eines, welches Simon Petrus gehörte, und bat ihn, daß er es ein wenig vom Lande führte. Und er setzte sich und lehrte das Volk aus dem Schiffe. Und als er hatte aufgehört zu reden, sprach er zu Simon: „Fahre auf die Höhe und werfet eure Netze aus, daß ihr einen Zug thut." Und Simon sprach zu ihm: „Meister, wir haben die ganze Nacht gearbeitet und nichts gefangen; aber auf dein Wort will ich das Netz auswerfen." Und da sie das thaten, fingen sie eine große Menge Fische, und ihr Netz zerriß. Und sie winkten ihren Gesellen, die im anderen Schiffe waren, daß sie kämen und hülfen ihnen ziehen. Und sie kamen und füllten beide Schiffe voll, also, daß sie sanken. Da das Simon Petrus sah, fiel er Jesu zu den Knieen und sprach: „Herr, gehe von mir hinaus, ich bin ein sündiger Mensch." Denn es war ihn ein Schrecken angekommen, und alle, die mit ihm waren, über diesen Fischzug, den sie miteinander gethan hatten. Desgleichen auch Simon's Bruder, Andreas, und die beiden Söhne des Zebedäus, Jakobus und Johannes, Simon's Gesellen. Und Jesus sprach zu Simon: „Fürchte dich nicht, denn von nun an wirst du Menschen fangen." Und sie führten die Schiffe zu Land und verließen alles und folgten ihm nach.

3. Darnach ging Jesus aus und sah einen Zöllner, namens Matthäus, am Zoll sitzen und sprach zu ihm: „Folge mir nach." Und Matthäus verließ alles und folgte ihm nach. — So berief Jesus seine zwölf Jünger und gab ihnen Macht über die unsaubern Geister, daß sie dieselben austrieben und heilten allerlei Seuche und allerlei Krankheit.

Die Namen aber der zwölf Jünger oder Apostel sind diese: **Simon Petrus** und sein Bruder **Andreas**; die Brüder **Jakobus** und **Johannes**, Söhne des Zebedäus; **Philippus, Bartholomäus, Thomas, Matthäus, Jakobus**, des Alphäus Sohn; **Lebbäus** (Judas) mit dem Zunamen Thaddäus, **Simon** von Kana und **Judas Ischarioth**.

Matth. 9. 37. 38. Die Ernte ist groß, aber wenig sind der Arbeiter; darum bittet den Herrn der Ernte, daß er Arbeiter in seine Ernte sende.

Jesu, geh' voran auf der Lebensbahn,
Und wir wollen nicht verweilen,
Dir getreulich nachzueilen.
Führ' uns an der Hand, bis in's Vaterland!

Lied 295. Mir nach, spricht Christus u. s. w.

8.
Die Hochzeit zu Kana.
(Joh. 2.)

Röm. 12. 15. Freuet euch mit den Fröhlichen.

Und es begab sich, daß eine Hochzeit ward zu **Kana** in Galiläa und die Mutter Jesu war da. Jesus aber und seine Jünger wurden auch auf die Hochzeit geladen. Und da es an Wein gebrach, spricht die Mutter zu ihm: „Sie haben nicht Wein." Jesus spricht zu ihr: „Meine Stunde ist noch nicht gekommen." Seine Mutter spricht zu den Dienern: „Was er euch sagt, das thut." — Es waren aber allda sechs steinerne Wasserkrüge, nach der Weise der jüdischen Reinigung. Jesus spricht zu den Dienern: „Füllet die Wasserkrüge mit Wasser." Und sie füllten sie bis oben an. Und er spricht zu ihnen: „Schöpfet nun und bringt es dem Speisemeister." Als aber der Speisemeister den Wein kostete, der Wasser gewesen war und nicht wußte, von wannen er kam, ruft er den Bräutigam und spricht zu ihm: „Jedermann gibt zuerst guten Wein und wenn sie trunken geworden sind, alsdann den geringern. Du hast den guten Wein bisher behalten." Das ist das erste Zeichen, das Jesus that und offenbarte seine Herrlichkeit." Und seine Jünger glaubten an ihn.

1. Cor. 10, 31. Ihr esset nun oder trinket, oder was ihr thut, so thut es alles zu Gottes Ehre.

Eph. 1, 3. Gelobt sei Gott und der Vater unseres Herrn Jesu Christi, der uns gesegnet hat mit allerlei geistlichem Segen in himmlischen Gütern, durch Christus.

O selig Haus, wo man dich aufgenommen,
Du wahrer Seelenfreund, Herr Jesu Christ!
Wo unter allen Gästen, die da kommen,
Du der gefeiertste und liebste bist!
Wo aller Herzen dir entgegenschlagen,
Und aller Augen freudig auf dich seh'n,
Wo aller Lippen dein Gebot erfragen,
Und alle deines Winks gewärtig steh'n.

9.
Die Samariterin.
(Joh. 4.)

Luc. 19, 10. Des Menschen Sohn ist gekommen, zu suchen und selig zu machen, was verloren ist.

1. Jesus war auf dem Osterfest in Jerusalem gewesen und zog nun durch Samaria wieder nach Galiläa. Da kam er in eine Stadt Samaria's, die heißt Sichar. Es war aber daselbst Jakobs Brunnen. Da nun Jesus müde war von der Reise, setzte er sich auf den Brunnen. Seine Jünger aber gingen in die Stadt, Speise zu kaufen. Da kommt ein Weib aus der Stadt, Wasser zu schöpfen. Jesus spricht zu ihr: „Gib mir zu trinken." Die Samariterin aber spricht: „Wie bittest du von mir zu trinken, so du ein Jude bist und ich ein samaritisches Weib?" — Denn die Juden haben keine Gemeinschaft mit den Samaritern.*) — Jesus antwortete und sprach zu ihr: „Wenn du wüßtest, wer der ist, der dich um Wasser bittet, du bätest ihn, und er gäbe

---

*) Siehe Cap. 42 und 49 in „Altes Testament."

dir lebendiges Wasser. Wer von dem Wasser trinken wird, das ich ihm gebe, den wird ewiglich nicht wieder dürsten. Spricht das Weib zu ihm: „Herr, gib mir von diesem Wasser, auf daß mich nicht mehr dürste, daß ich nicht mehr daher kommen müsse, **zu schöpfen.**"

2. Als nun Jesus der Samariterin ganz genau sagte, welch' sündhaftes Leben sie führte, da rief sie aus: „Herr, ich sehe, daß du ein Prophet bist! Unsere Väter haben auf diesem Berge (Garizim) angebetet; und i h r sagt, zu Jerusalem sei die Stätte, da man anbeten soll." Jesus spricht zu ihr: „Weib, glaube mir, es kommt die Zeit, daß ihr weder auf diesem Berge, noch zu Jerusalem werdet den Vater anbeten; denn die wahrhaftigen Anbeter werden den Vater anbeten im Geist und in der Wahrheit. G o t t i s t e i n G e i s t u n d d i e i h n a n b e t e n, m ü s s e n i h n i m G e i s t u n d i n d e r W a h r h e i t a n b e t e n." Das Weib sprach zu ihm: „Ich weiß, daß der Messias kommt, der da Christus heißt, derselbige wird uns alles verkündigen." Jesus spricht zu ihr: „I c h b i n e s, d e r m i t d i r r e d e t."

3. Als das Weib das hörte, ließ sie ihren Krug stehen, lief eilends in die Stadt und sagte zu den Leuten: „Kommt, sehet einen Menschen, der mir gesagt hat alles, was ich gethan habe; seht, ob er nicht Christus ist!" Da gingen sie aus der Stadt und kamen zu ihm und baten ihn, daß er bei ihnen bliebe; und er blieb zwei Tage da. Viele glaubten an ihn und sprachen zu dem Weibe: „Wir glauben nun nicht mehr bloß um deiner Rede willen; wir haben selbst gehört und erkannt, daß dieser ist wahrlich Christus, der Heiland der Welt."

Joh. 6, 35. Ich bin das Brod des Lebens. Wer zu mir kommt, den wird nicht hungern; und wer an mich glaubt, den wird nimmermehr dürsten.

Im Geiste bet' ihn, Seele, und **in der Wahrheit** an!
Liebst du **des** Herrn Befehle, wie selig bist du dann!
Er hat Unsterblichkeit, und Seligkeit und Leben; —
Das alles wird er geben dem, der sich **ganz ihm** weiht.

10.
Jesus in Nazareth.
(Marc. 6. Luc. 4.)

2. Theff. 3, 2. Der Glaube ist nicht jedermanns Ding.

Jesus kam wieder einmal gen Nazareth, wo er erzogen war, und ging nach seiner Gewohnheit am Sabbathtag in die Schule, und stand auf, um vorzulesen. Da ward ihm das Buch des Propheten Jesaja gereicht. Er schlug es auf und fand die Stelle, wo geschrieben steht: „Der Geist des Herrn ruhet auf mir, darum, weil er mich gesalbt hat, zu verkünden das Evangelium den Armen, zu heilen die zerstoßenen Herzen, zu predigen den Gefangenen die Erlösung, und den Blinden das Gesicht, und den Zerschlagenen, daß sie frei und ledig sein sollen. Und zu predigen das angenehme Jahr des Herrn." Jes. 61. 1.

Und als er das Buch zuthat, gab er es dem Diener und setzte sich. Und Aller Augen in der Schule waren auf ihn gerichtet. Er fing aber an und sagte zu ihnen: „Heute ist diese Schrift erfüllt vor euren Ohren." — Und sie gaben ihm alle Zeugniß und wunderten sich der holdseligen Reden, die aus seinem Munde gingen. Woher kommt dem da solches? Ist er nicht der Zimmermann, der Sohn Joseph's und Maria's, und der Bruder des Jakobus und Joses und Judas und Simeon? Sind nicht auch seine Schwestern allhier bei uns?

Und sie ärgerten sich an ihm. — Jesus aber sprach zu ihnen: „Ein Prophet gilt nirgends weniger als in seinem Vaterlande und daheim bei den Seinen." — Und er konnte allda nicht eine einzige That verrichten; nur wenigen Kranken legte er die Hände auf und heilte sie. Jesus verwunderte sich ihres Unglaubens und zog von dannen umher in die Flecken im Kreis und lehrte.

Joh. 14, 6. Ich bin der Weg, und die Wahrheit und das Leben. Niemand kommt zum Vater denn durch mich.

Aus irdischem Getümmel,
Wo nichts das Herz erquickt,
Wer zeigt den Weg zum Himmel,
Wohin die Hoffnung blickt?

Wer leitet unser Streben,
Wenn es das Ziel vergißt?
Wer führt durch Tod und Leben?
Der Weg heißt Jesus Christ.

11.

Die Bergpredigt.

(Matth. 5—7. Luc. 5.)

Joh. 1, 17. Das Gesetz ist durch Moses gegeben; die Gnade und Wahrheit ist durch Jesum Christum geworden.

1. Als einst viel Volk um Jesus versammelt war, ging er mit seinen Jüngern auf einen Berg, setzte sich, lehrte das Volk und sprach:

Selig sind, die da geistlich arm sind, denn das Himmelreich ist ihr.

Selig sind, die da Leid tragen, denn sie sollen getröstet werden.

Selig sind die Sanftmüthigen, denn sie sollen das Erdreich besitzen.

Selig sind, die da hungert und dürstet nach der Gerechtigkeit, denn sie sollen satt werden.

Selig sind die Barmherzigen, denn sie werden Barmherzigkeit erlangen.

Selig sind, die reines Herzens sind, denn sie werden Gott schauen.

Selig sind die Friedfertigen, denn sie werden Gottes Kinder heißen.

Selig sind, die um der Gerechtigkeit willen verfolgt werden, denn das Himmelreich ist ihr.

2. Zu seinen Jüngern sprach er: „Ihr seid das Salz der Erde, ihr seid das Licht der Welt. Also lasset euer Licht leuchten vor den Leuten, daß sie eure guten Werke sehen und

euren Vater im Himmel preisen." Von sich selbst aber sagte Jesus: „Ihr sollt nicht wähnen, daß ich gekommen bin, das Gesetz und die Propheten aufzulösen. Ich bin nicht gekommen, aufzulösen, sondern zu erfüllen."

3. Weiter erklärte er ihnen an einigen Geboten, wie das Gesetz Gottes auf rechte Weise erfüllt werden müsse. Ihr habt gehört, daß zu den Alten gesagt ist: Du sollst nicht tödten. Ich aber sage euch: Wer seinem Bruder zürnt, der ist des Gerichts schuldig.—Liebet eure Feinde, segnet, die euch fluchen, thut wohl denen, die euch hassen, bittet für die, so euch beleidigen und verfolgen, auf daß ihr Kinder seid eures Vaters im Himmel. Denn er läßt seine Sonne aufgehen über die Bösen und über die Guten und läßt regnen über Gerechte und Ungerechte. Darum sollt ihr vollkommen sein, wie euer Vater im Himmel vollkommen ist.

4. Wenn du Almosen gibst, so soll die linke Hand nicht wissen, was die rechte thut. — Wenn du betest, so gehe in dein Kämmerlein und schließe die Thüre zu und bete zu deinem Vater im Verborgenen, und dein Vater, der in's Verborgene sieht, wird dir's vergelten öffentlich. Wenn ihr betet, sollt ihr nicht viel plappern wie die Heiden, denn sie meinen, sie werden erhört, wenn sie viele Worte machen. Darum sollt ihr ihnen nicht gleichen! Euer Vater weiß, was ihr bedürfet, ehe denn ihr ihn bittet. Darum sollt ihr also beten:

Unser Vater in dem Himmel. Dein Name werde geheiligt. Dein Reich komme. Dein Wille geschehe auf Erden wie im Himmel. Unser täglich Brod gib uns heute. Und vergib uns unsere Schulden, wie wir vergeben unsern Schuldigern. Und führe uns nicht in Versuchung, sondern erlöse uns von dem Uebel. Denn dein ist das Reich und die Kraft und die Herrlichkeit in Ewigkeit. Amen.

5. **Ihr sollt euch nicht Schätze sammeln auf Erden,** wo sie die Motten und der Rost fressen, und wo die Diebe nachgraben und stehlen. Sammelt euch aber Schätze **im Himmel.** Denn **wo euer Schatz ist, da ist auch euer Herz.** Niemand kann **zwei Herren** dienen, entweder wird er einen lieben und den **andern** hassen, **oder er wird einem anhangen und den andern verachten. Ihr könnt nicht Gott dienen und dem** Mammon. Darum sage ich euch: Sorget nicht für **euer Leben, was ihr essen und trinken werdet.** Sehet die Vögel unter dem Himmel an: sie säen **nicht,** sie ernten nicht, sie sammeln nicht **in** die Scheunen, und **euer himmlischer Vater nährt sie doch.** Seid ihr denn nicht **viel** mehr denn sie? Und warum sorget **ihr** für die Kleidung? Schauet die Lilien an auf dem Felde, wie sie wachsen; sie arbeiten nicht, auch spinnen sie nicht. Ich sage euch, daß Salomo in aller seiner Herrlichkeit nicht bekleidet gewesen ist, wie derselben eine. Wie viel mehr wird **Gott** für **e u c h** sorgen, ihr Kleingläubigen! **Trachtet am ersten nach dem Reiche Gottes und nach seiner Gerechtigkeit, so wird euch solches alles zufallen."**

6. **Richtet nicht, auf daß ihr nicht gerichtet werdet.** Denn mit welcherlei Gericht ihr richtet, werdet ihr gerichtet werden. Was siehst du den Splitter in deines Bruders Auge und wirst nicht gewahr des Balkens in deinem Auge? Oder wie darfst du sagen zu deinem Bruder: Halt, ich will dir den Splitter aus deinem Auge ziehen und siehe, ein Balken ist in deinem Auge? Du Heuchler, ziehe zuerst den Balken aus deinem Auge, darnach besiehe, wie du den Splitter aus deines Bruders Auge ziehst.

7. **Bittet, so wird euch gegeben, suchet, so werdet ihr finden; klopfet an, so wird euch aufgethan.** Welcher ist unter euch Menschen, der seinem Sohn, wenn er ihn um Brod bittet, einen Stein biete, oder wenn er ihn um einen Fisch bittet, eine Schlange biete? So ihr, die ihr doch arg seid, könnt dennoch euren Kindern gute Gaben geben, wie viel mehr wird euer Vater im Himmel Gutes geben denen, die ihn bitten! Alles nun, was ihr wollt, daß euch die Leute thun sollen, das thut ihr ihnen.

8. **Gehet ein durch die enge Pforte.** Denn die Pforte ist weit und der Weg ist breit, der zur Verdammniß abführt, und ihrer sind viele, die darauf wandeln. Und die Pforte ist eng und der Weg ist schmal, der zum Leben führt und wenige sind ihrer, die ihn finden. Ein jeglicher gute Baum bringt gute Früchte, aber ein fauler Baum bringt arge Früchte. Darum an ihren Früchten sollt ihr sie erkennen. Es werden nicht alle, die zu mir sagen: Herr, Herr! in das Himmelreich kommen, sondern die den Willen thun meines Vaters im Himmel. —

9. Darum, so schließt der Herr seine Rede, wer diese meine Worte hört und thut sie, den vergleiche ich einem klugen Mann, der sein Haus auf einen Felsen baute. Da nun ein Platzregen fiel und ein Gewässer kam und die Winde wehten und an das Haus stießen, fiel es doch nicht, denn es war auf einen Felsen gegründet. Und wer diese meine Rede hört und thut sie nicht, der ist einem thörichten Manne gleich, der sein Haus auf Sand baute. Da nun ein Platzregen fiel, und ein Gewässer kam, und die Winde wehten und an das Haus stießen, da fiel es und that einen großen Fall.

Da Jesus diese Rede vollendet hatte, entsetzte sich das Volk, denn er redete gewaltig und nicht wie die Schriftgelehrten.

Joh. 7, 16. 17. Meine Lehre ist nicht mein, sondern deß, der mich gesandt hat. So jemand will deß Willen thun, der wird inne werden, ob diese Lehre von Gott sei, oder ob ich von mir selber rede.

Matth. 7, 21. Es werden nicht alle, die zu mir sagen: Herr, Herr! in's Himmelreich kommen, sondern die den Willen thun meines Vaters im Himmel.

Phil. 2, 5. Ein jeglicher sei gesinnt, wie Jesus Christus auch war.

Liebe und übe, was Jesus dich lehret,
Und was er dich heißt, dasselbige thu'.
Hasse und lasse, was er dir verwehret,
So findest du Frieden und sel'ge Ruh.

12.

Der Hauptmann von Kapernaum.

Das kananäische Weib.

(Matth. 8 und 15. Marc. 7. Luc. 7.)

Gal. 5, 6. In Christo Jesu gilt der Glaube, der in der Liebe thätig ist.

1. Nachdem Jesus vor dem Volke ausgeredet hatte, ging er gen Kapernaum. Daselbst hatte ein römischer Hauptmann einen Knecht, den er werth hielt; der lag todtkrank. Da aber der Hauptmann von Jesu hörte, sandte er die Aeltesten der Juden zu ihm und bat ihn, daß er käme und seinen Knecht gesund mache. Da sie aber zu Jesus kamen, baten sie ihn mit Fleiß und sprachen: „Er ist es werth, daß du ihm das erzeigest; denn er hat unser Volk lieb und die Schule hat er uns erbaut." Jesus aber ging mit ihnen. Da sie aber nicht mehr ferne von dem Hause waren, sandte der Hauptmann Freunde zu ihm und ließ ihm sagen: „Ach Herr, bemühe dich nicht; ich bin nicht werth, daß du unter mein Dach gehest, darum habe ich auch mich selbst nicht würdig geachtet, daß ich zu dir käme, sondern sprich nur ein Wort, so wird mein Knecht gesund. Denn auch ich bin ein Mensch, der Obrigkeit unterthan; aber ich habe unter mir Kriegsknechte, und wenn ich zu einem sage: Gehe hin! so geht er, und zum andern: „Komm her!" so kommt er. und zu meinem Knecht: „Thue das!" so thut er's."

Da aber Jesus das hörte, verwunderte er sich und sprach zu dem Volk, das ihm nachfolgte: „Ich sage euch, solchen Glauben habe ich in Israel nicht gefunden." — Und da die Gesandten wiederum nach Hause kamen, fanden sie den kranken Knecht gesund.

Col 4, 1. Ihr Herrn, was recht und billig ist, das beweist euren Knechten, und wisset, daß ihr auch einen Herrn im Himmel habt.

2. Einen ähnlichen Glauben an Jesus bewies einige Zeit später ein heidnisches Weib.

Da die Juden Jesu nach dem Leben trachteten, entwich er in die Gegend von Tyrus und Sidon. Und siehe, ein kananäisches Weib, dessen Tochter schwer krank war, kam und schrie ihm nach und sprach: „Ach Herr, du Sohn Davids, erbarme dich mein!" Und er antwortete ihr kein Wort. Da traten zu ihm seine Jünger und sprachen: „Laß sie doch von dir, denn sie schreit uns nach." Jesus aber antwortete: „Ich bin nur zu den verlorenen Schafen aus dem Hause Israel gesandt." Das Weib kam aber näher, fiel vor ihm nieder und sprach: „Herr, hilf mir!" Jesus aber sprach: „Es ist nicht fein, daß man den Kindern ihr Brod nehme und werfe es vor die Hunde." Sie sprach: „Ja, Herr, aber doch essen die Hündlein von den Brosamen, die von ihrer Herrn Tische fallen." Da sprach Jesus: „O Weib, dein Glaube ist groß! Dir geschehe, wie du willst!" Und ihre Tochter ward gesund zu derselben Stunde.

Ps. 50, 15. Rufe mich an in der Noth, so will ich dich erretten, so sollst du mich preisen.

13.

Jesus auf dem Meer.

(Matth. 8. und Cap. 14. Joh. 6.)

Jes. 41, 10. Fürchte dich nicht, ich bin mit dir.

1. Eines Tages trat Jesus in ein Schiff und seine Jünger folgten ihm. Und siehe, da erhob sich ein groß Ungestüm im Meer, also, daß auch das Schifflein mit Wellen bedeckt ward; und er schlief. Und die Jünger traten zu ihm, und weckten ihn auf und sprachen: „Herr, hilf uns, wir verderben." Da sagte er zu ihnen: „Ihr Kleingläubigen, warum seid ihr so furchtsam?" Und stand auf, und bedrohte den Wind und das Meer; da ward es ganz stille. Die Menschen aber verwunderten sich und sprachen: „Was ist das für ein Mann, daß ihm Wind und Meer gehorsam sind?"

2. An einem Abende gingen die Jünger hinab an das Meer und traten in ein Schiff und fuhren über das Meer gen Kapernaum. Und es war schon finster geworden und

Jesus war noch nicht zu ihnen gekommen. Und das Schiff war schon mitten auf dem Meer, und litt Noth von den Wellen; denn der Wind war ihnen zuwider. Aber in der vierten Nachtwache (um 3 Uhr) kam Jesus zu ihnen und ging auf dem Meere. Da ihn die Jünger sahen, erschraken sie und sprachen: „Es ist ein Gespenst!" und schrieen vor Furcht. Aber alsbald redete Jesus mit ihnen und sprach: „Seid getrost, ich bin es, fürchtet euch nicht!" Petrus aber sprach: „Herr, bist du es, so heiß mich zu dir kommen auf dem Wasser!" Und Jesus sprach: „Komm her!" Petrus trat aus dem Schiff und ging auf dem Wasser, daß er zu Jesu käme. Er sah aber einen starken Wind herankommen. Da erschrak er und fing an zu sinken, schrie und sprach: „Herr, hilf mir!" Jesus aber streckte die Hand aus und ergriff ihn und sprach zu ihm: „O du Kleingläubiger, warum zweifeltest du?" Und sie traten in das Schiff und der Wind legte sich. Die aber im Schiff waren, fielen vor ihm nieder und sprachen: „Du bist wahrlich Gottes Sohn."

Ps. 4, 9. Ich liege und schlafe ganz mit Frieden, denn allein du, Herr, hilfst mir, daß ich sicher wohne.

Ps. 89, 10. Du herrschest über das ungestüme Meer, du stillest seine Wellen, wann sie sich erheben.

Wenn der Wellen Macht
In der trüben Nacht
Will des Lebens Schifflein decken,
Wollst du deine Hand ausstrecken.
Habe auf mich Acht,
Hüter in der Nacht!

14.
Die große Sünderin.
Zachäus.
(Luc. 7 und Cap. 19.)

1. Tim. 1, 15. Das ist je gewißlich wahr und ein theuer werthes Wort, daß Christus Jesus gekommen ist in die Welt, die Sünder selig zu machen.

1. Ein Pharisäer Namens Simon hatte Jesus zu Tische geladen. In derselben Stadt war ein Weib, die war

eine Sünderin. Als diese hörte, daß Jesus in des Pharisäers Haus zu Tische saß, brachte sie ein Gefäß mit Salbe und trat von hinten zu Jesu Füßen und weinte. Sie fing an seine Füße zu netzen mit Thränen und mit den Haaren ihres Hauptes zu trocknen, und küßte seine Füße und salbte sie mit Salbe.

Da das der Pharisäer sah, sprach er bei sich selbst: „Wenn dieser ein Prophet wäre, so wüßte er, welch ein Weib das ist, das ihn anrühret, denn sie ist eine Sünderin." Jesus antwortete und sprach zu ihm: „Simon, ich habe dir etwas zu sagen." Er aber sprach: „Meister, sage an!" Jesus sprach: „Es hatte ein Wucherer zwei Schuldner: „Einer war schuldig fünfhundert Groschen, der andere fünfzig. Da sie aber nicht hatten zu bezahlen, schenkte er es Beiden. Sage an, welcher von ihnen wird ihn am meisten lieben?" Simon antwortete: „Ich denke, der, dem er am meisten geschenkt hat." Jesus aber sprach zu ihm: „Du hast recht geurtheilt." Und er wandte sich zu dem Weibe und sprach zu Simon: „Siehst du dies Weib? Ich bin gekommen in dein Haus; du hast mir nicht Wasser gegeben zu meinen Füßen; diese aber hat meine Füße mit Thränen genetzt, und mit den Haaren ihres Hauptes getrocknet. Du hast mir keinen Kuß gegeben; diese aber hat unablässig meine Füße geküßt. Du hast mein Haupt nicht mit Oel gesalbt; diese aber hat meine Füße mit Salbe gesalbt. Derhalb sage ich dir: Ihr sind viele Sünden vergeben, denn sie hat viel geliebt. Wem aber wenig vergeben wird, der liebt wenig." Und er sprach zu ihr: „Dir sind deine Sünden vergeben; gehe hin in Frieden!"

2. Und es begab sich, daß Jesus hineinzog nach Jericho. Und siehe, da war ein Mann, genannt Zachäus, der war ein Oberster der Zöllner und war reich. Und er begehrte, Jesum zu sehen, und konnte nicht vor dem Volke; denn er war klein von Person. Und er lief voraus und stieg auf einen Maulbeerbaum.

Und als Jesus an diese Stätte kam, sah er auf, ward seiner gewahr und sprach zu ihm: „Zachäus, steige eilends hernieder, denn ich muß heute in deinem Hause einkehren."

Und er stieg eilends hernieder und nahm ihn auf mit Freuden.
Da sie das sahen, murrten sie alle, daß er bei einem Sünder einkehrte. Zachäus aber sprach zu dem Herrn: „Siehe, Herr, die Hälfte meiner Güter gebe ich den Armen, und wenn ich jemand betrogen habe, so gebe ich es demselben vierfältig wieder." Jesus sprach zu ihm: „**Heute ist diesem Hause Heil widerfahren, weil er auch Abrahams Sohn ist. Denn des Menschen Sohn ist gekommen, zu suchen und selig zu machen, das verloren ist.**"

Matth. 11, 28. Kommet her zu mir alle, die ihr mühselig und beladen seid, ich will euch erquicken.

Luc. 19, 10. Des Menschen Sohn ist gekommen, zu suchen und selig zu machen, das verloren ist.

15.

Speisung der Fünftausend.

(Matth. 14. Marc. 6. Luc. 9. Joh. 6.)

Joh. 6, 35. Ich bin das Brod des Lebens, wer zu mir kommt, den wird nicht hungern.

Darnach fuhr Jesus über das Meer in die Stadt Tiberias in Galiläa. Und es zog ihm vieles Volk nach, darum, daß sie die Zeichen sahen, die er an den Kranken that. Jesus aber ging hinauf auf einen Berg und setzte sich daselbst mit seinen Jüngern. Es war aber nahe die Ostern, der Juden Fest. Da hob Jesus seine Augen auf und sah, daß viel Volk zu ihm kommt; und es jammerte ihn desselben, denn sie waren wie die Schafe, die keinen Hirten haben. Und der Tag fing an, sich zu neigen. Er aber sprach zu Philippus: „Wo kaufen wir Brod, daß diese essen?" Philippus sprach: „Zweihundert Pfennig werth Brod ist nicht genug unter sie, daß ein jeglicher unter ihnen ein wenig nehme." Da spricht zu ihm Andreas: „Es ist ein Knabe hier, der hat fünf Gerstenbrode und zwei Fische; aber was ist das unter so viele?" Jesus aber sprach: „Schaffet, daß sich das Volk lagere." Es war aber viel Gras an dem Ort.

Da lagerten sich bei fünftausend Mann. Jesus aber nahm die Brode, dankte, gab sie den Jüngern, die Jünger aber denen, die sich gelagert hatten; desselbigen gleichen auch von den Fischen, so viel er wollte. Da sie aber satt waren, sprach er zu seinen Jüngern: „Sammelt die übrigen Brocken, daß nichts umkomme." Da sammelten sie und füllten zwölf Körbe mit Brocken, die von den Gerstenbroden übrig geblieben waren.

Da nun die Menschen das Zeichen sahen, das Jesus that, sprachen sie: „Das ist wahrlich der Prophet, der in die Welt kommen soll." Da nun Jesus merkte, daß sie kommen würden und ihn haschen, daß sie ihn zum Könige machten, entwich er abermal auf den Berg, er selbst allein, daß er betete.

Ps. 145, 15. 16. Aller Augen warten auf dich, und du gibst ihnen ihre Speise zu seiner Zeit. Du thust deine Hand auf und erfüllest alles, was lebt, mit Wohlgefallen.

Matth. 6, 33. Trachtet am ersten nach dem Reiche Gottes und nach seiner Gerechtigkeit, so wird euch solches alles zufallen.

Komm', Herr Jesus, sei unser Gast,
Und segne, was du uns bescheret hast.

16.
Tod des Täufers Johannes.
(Matth. 11. 14. Marc. 6. Luc. 9.)

Matth. 5, 10. Selig sind, die um Gerechtigkeit willen verfolgt werden; denn das Himmelreich ist ihr.

1. Herodes, der König von Galiläa, hatte seines Bruders Philippus Frau, die Herodias hieß, zum Weib genommen. Da trat Johannes der Täufer vor den König und sprach: „Es ist nicht recht, daß du deines Bruders Weib hast!" Da ließ ihn der König in's Gefängniß werfen; und er hätte ihn gerne getödtet, aber er fürchtete sich vor dem Volk; denn sie hielten Johannes für einen Propheten.

2. Da aber Johannes im Gefängniß die Werke Christi hörte, sandte er seiner Jünger zwei zu ihm und ließ ihm sagen: „Bist du, der da kommen soll, oder sollen wir eines andern warten?" Jesus sprach zu ihnen: „Gehet hin und verkündigt Johannes wieder, was ihr gesehen und gehört habt: Die Blinden sehen, die Lahmen gehen, die Aussätzigen werden rein, die Tauben hören, die Todten stehen auf und den Armen wird das Evangelium gepredigt. Und selig ist, der sich nicht an mir ärgert."

3. Da aber Herodes mit den Vornehmsten seines Landes seinen Jahrestag feierte, da tanzte die Tochter der Herodias vor ihnen. Das gefiel dem Herodes wohl. Da sprach der König zum Mägdlein: „Bitte von mir, was du willst, ich will dir's geben." Und er schwur einen Eid dazu. Sie ging hinaus und sprach zu ihrer Mutter: „Was soll ich bitten?" Die sprach: „Das Haupt Johannes, des Täufers!" Und sie ging hinein und sprach zum König: „Ich will, daß du mir gebest das Haupt Johannes, des Täufers." Der König ward betrübt; doch um des Eides und um derer willen, die an dem Tische saßen, wollte er sie nicht lassen eine Fehlbitte thun. Und er schickte hin und ließ Johannes enthaupten und sein Haupt auf einer Schüssel hertragen und dem Mägdlein geben; und das Mägdlein gab es seiner Mutter. Da das seine Jünger hörten, kamen sie und nahmen seinen Leib und legten ihn in ein Grab.

Matth. 10 28. Fürchtet euch nicht vor denen, die den Leib tödten und die Seele nicht mögen tödten. Fürchtet euch aber viel mehr vor dem, der Leib und Seele verderben mag in die Hölle.

17.
Die Blinden sehen und die Lahmen gehen, die Aussätzigen werden rein, und die Tauben hören, die Todten stehen auf, und den Armen wird das Evangelium gepredigt.

1. Die Blinden sehen.
(Joh. 9.)

1. Jesus sah in Jerusalem einen Menschen, der war von Geburt an blind. Und seine Jünger fragten ihn:

„Meister, wer hat gesündigt, dieser oder seine Eltern, daß er blind geboren ist?" Jesus antwortete: „Es hat weder dieser gesündigt, noch seine Eltern; sondern er ist blind geboren, daß die Werke Gottes an ihm offenbar würden." Nachdem er solches gesagt, spie er auf die Erde, machte einen Teich aus dem Speichel, strich ihn auf die Augen des Blinden und sprach zu ihm: „Gehe hin zu dem Teiche Siloha und wasche dich." Da ging er hin, wusch sich und kam sehend zurück.

2. Die Nachbarn, und die ihn zuvor gesehen hatten, daß er ein Bettler war, sprachen: „Ist dieser nicht, der da saß und bettelte?" Etliche sprachen: „Er ist es!" Etliche aber: „Er ist ihm ähnlich." Er selbst aber sprach: „Ich bin es!" Da sprachen sie zu ihm: „Wie wurden deine Augen aufgethan?" Er erzählte ihnen und den Pharisäern, die ihn darnach fragten, daß und wie Jesus ihn sehend gemacht habe. Sie wollten ihm aber nicht glauben; ja, sie fluchten ihm und stießen ihn von sich.

3. Als Jesus ihn wieder sah, sprach er zu ihm: „Glaubst du an den Sohn Gottes?" Der Blindgewesene sagte: „Herr, wer ist's, daß ich an ihn glaube?" Jesus sprach: „Du hast ihn gesehen; der mit dir redet, der ist's." Er aber sprach: „Herr, ich glaube", und betete ihn an. Und Jesus sprach: „Ich bin zum Gericht auf diese Welt gekommen, auf daß, die da nicht sehen, sehend werden, und die da sehen, blind werden."

Joh. 8, 12. Ich bin das Licht der Welt. Wer mir nachfolgt, der wird nicht wandeln in der Finsterniß, sondern wird das Licht des Lebens haben.

Hier irren wir und fehlen,
Gehüllt in tiefe Nacht:
Durch wen wird unsern Seelen
Ein wahres Licht gebracht?
Von oben kommt die Klarheit,
Die alles uns erhellt;
Denn Christus ist die Wahrheit,
Er ist das Licht der Welt.

2. Die Lahmen gehen.

a. Der Gichtbrüchige.
(Matth. 9. Marc. 2. Luc. 5.)

Als Jesus in Kapernaum war, siehe, da brachten etliche Männer einen Gichtbrüchigen zu ihm, der lag auf einem Bett. Und da sie vor der Menge des Volks nicht in das Haus kommen konnten, in welchem Jesus war, stiegen sie auf das Dach und ließen den Kranken durch die Ziegel hernieder mit dem Bett, vor Jesus. Da nun Jesus ihren Glauben sah, sprach er zu dem Gichtbrüchigen: „Sei getrost, mein Sohn, deine Sünden sind dir vergeben." Und siehe, etliche unter den Schriftgelehrten sprachen bei sich selbst: „Dieser lästert Gott! Wer kann Sünden vergeben, denn allein Gott?" Da aber Jesus ihre Gedanken sah, sprach er: „Warum denkt ihr so arges in euren Herzen? Welches ist leichter zu sagen: Dir sind deine Sünden vergeben, oder: Stehe auf und wandle? Auf daß ihr aber wisset, daß des Menschen Sohn Macht habe auf Erden, die Sünden zu vergeben, so sage ich dir: Stehe auf, hebe dein Bett auf und gehe heim." Alsbald stand er auf, nahm sein Bett und ging heim.

Da das Volk das sah, verwunderte es sich, und pries Gott, der solche Macht den Menschen gegeben hat.

b. Der Kranke am Teich Bethesda.
(Joh. 5.)

In Jerusalem war ein Teich, der Bethesda hieß und fünf Hallen hatte; in denselben lagen allerlei Kranke, Blinde, Lahme, Abgezehrte, und warteten auf die Bewegung des Wassers; zu einer gewissen Zeit bewegte ein Engel das Wasser, und wer dann zuerst hineinstieg, der ward gesund.

Es war aber ein Mensch daselbst achtunddreißig Jahre krank gelegen. Als Jesus ihn sah und vernahm, daß er so lange gelegen war, sprach er zu ihm: „Willst du gesund werden?" Der Kranke antwortete ihm: „Herr, ich habe keinen Menschen, der mich in den Teich lasse, wenn das Wasser sich bewegt, und wenn ich komme, so steigt ein anderer vor mir hinein." Jesus sprach zu ihm: „Stehe auf, nimm dein Bett und gehe hin!" Alsbald war der Mensch gesund, stand auf, nahm sein Bett und ging hin.

Da sprachen die Juden zu dem, der gesund geworden war: „Es ist heute Sabbath, es geziemt dir nicht, das Bett zu tragen!" Er antwortete: „Der mich gesund gemacht hat, der sprach zu mir: Nimm dein Bett und gehe hin." Da fragten sie ihn: „Wer ist der Mensch, der dir das gesagt hat?" Er aber wußte nicht, wer es war.

Darnach fand ihn Jesus im Tempel und sprach zu ihm: „Siehe zu, du bist gesund geworden; sündige hinfort nicht mehr, daß dir nicht etwas ärgeres widerfahre."

Als die Juden hörten, daß es Jesus gewesen sei, verfolgten sie ihn und suchten ihn zu tödten, weil er solches am Sabbath gethan hatte.

Jes. 40, 31. Die auf den Herrn harren, bekommen neue Kraft, daß sie wandeln und nicht müde werden.

Matth. 12, 12. Darum mag man wohl am Sabbath Gutes thun.

3. Die Aussätzigen werden rein.

(Luc. 17.)

Es begab sich aber, da Jesus nach Jerusalem reiste, zog er mitten durch Samaria und Galiläa. Und als er in einen Markt kam, begegneten ihm zehn aussätzige Männer, die standen von ferne, und erhoben ihre Stimmen und sprachen: „Jesu, lieber Meister, erbarme dich unser!" Und da er sie sah, sprach er zu ihnen: „Gehet hin und zeiget euch den Priestern!" Und es geschah, da sie hingingen, wurden sie rein. Einer aber unter ihnen, da er sah, daß er gesund geworden war, kehrte er um und pries Gott mit lauter Stimme, und fiel auf sein Angesicht zu seinen Füßen, und dankte ihm. Und das war ein Samariter. Jesus aber sprach: „Sind ihrer nicht zehn rein geworden? Wo sind aber die Neune? Hat sich sonst Keiner gefunden, der wieder umkehrte und gäbe Gott die Ehre, denn dieser Fremdling." Und er sprach zu ihm: „Stehe auf, gehe hin, dein Glaube hat dir geholfen."

1. Thess. 5, 18. Seid dankbar in allen Dingen; denn das ist der Wille Gottes in Christo Jesu an euch.

4. Die Tauben hören und die Stummen reden.
(Marc. 7.)

Und da er wieder ausging von den Grenzen Thrus und Sidon, und an das galiläische Meer kam, brachten sie zu ihm einen Tauben, der stumm war; und sie baten ihn, daß er die Hand auf ihn legte. Und er nahm ihn von dem Volk besonders, und legte ihm die Finger in die Ohren und berührte seine Zunge. Und er sah auf zum Himmel, seufzte und sprach zu ihm: „Hephata!" das ist: „Thue dich auf!" Und alsbald thaten sich seine Ohren auf, das Band seiner Zunge ward los, und er redete recht. Und er verbot ihnen, sie sollten es niemand sagen. Je mehr er aber verbot, je mehr sie es ausbreiteten. Und verwunderten sich über die Maßen und sprachen: „Er hat alles wohlgemacht. Die Tauben macht er hörend, und die Sprachlosen redend."

Pf. 50, 15. Rufe mich an in der Noth, so will ich dich erretten, so sollst du mich preisen.

5. Die Todten stehen auf.

a. Der Jüngling von Nain.
(Luc. 7.)

Es begab sich, daß Jesus in eine Stadt mit Namen Nain ging, und seiner Jünger gingen viele mit ihm, und vieles Volk. Als er aber nahe an das Stadtthor kam, siehe, da trug man einen Todten heraus, der ein einziger Sohn war seiner Mutter, und sie war eine Wittwe, und viel Volks aus der Stadt ging mit ihr. Und da sie der Herr sah, jammerte ihn derselbigen und sprach zu ihr: „Weine nicht!" Und trat hinzu und rührte den Sarg an, und die Träger standen. Und er sprach: „Jüngling, ich sage dir, stehe auf!" Und der Todte richtete sich auf und fing an zu reden. Und er gab ihn seiner Mutter. Und es kam sie alle eine Furcht an und priesen Gott, und sprachen: „Es ist ein großer Prophet unter uns aufgestanden, und Gott hat sein Volk heimgesucht."

b. Des Jairus Töchterlein.
(Matth. 9. Marc. 5. Luc. 8.)

Ein Oberster der Schulen in Kapernaum, Namens Jairus, der eine einzige Tochter bei zwölf Jahren hatte, kam zu Jesus, fiel zu seinen Füßen und sprach: „Meister, meine Tochter ist in den letzten Zügen; du wollest kommen und deine Hand auf sie legen, daß sie gesund werde und lebe." Und Jesus stand auf und folgte ihm nach und seine Jünger.

Als sie aber noch auf dem Wege waren, kamen etliche vom Gesinde des Obersten und sprachen: „Deine Tochter ist gestorben; was bemühest du weiter den Meister?" Da aber Jesus das hörte, sprach er: „Fürchte dich nicht; glaube nur." Und als er in des Obersten Haus kam und sah die Pfeifer und das Getümmel des Volks*), sprach er zu ihnen: „Was weinet ihr? Das Kind ist nicht gestorben, sondern es schläft." Und sie verlachten ihn. Er aber trieb sie alle hinaus, nahm das Kind bei der Hand und rief: „Mägdlein, ich sage dir, stehe auf!" Und alsbald stand das Mägdlein auf und wandelte.

Joh. 5, 25. Es kommt die Stunde und ist schon jetzt, daß die Todten werden die Stimme Gottes hören, und die hören werden, die werden leben.

6. Den Armen wird das Evangelium gepredigt.
(Matth. 9.)

Und da Jesus von dannen ging, sah er einen Menschen am Zoll sitzen, der hieß **Matthäus**, und sprach zu ihm; „Folge mir." Und er stand auf und folgte ihm. Und es begab sich, da er zu Tische saß im Hause, siehe, da kamen viele Zöllner und Sünder, und saßen zu Tische mit Jesu und seinen Jüngern. Da das die Pharisäer sahen, sprachen sie zu seinen Jüngern: „Warum ißt euer Meister mit den Zöllnern und Sündern?" Da das Jesus hörte, sprach er zu ihnen: „Die Starken bedürfen des Arztes nicht, sondern die Kranken. Ich bin gekommen, die Sünder zur Buße zu rufen und nicht die Frommen."

Und Jesus ging umher in alle Städte und Märkte, lehrte in ihren Schulen, und predigte das Evangelium von dem Reich, und heilte allerlei Seuche, und allerlei Krankheit im

---

*) Pfeifen und Getümmel des Volks: im jüdischen Trauerhause wurden Klagelieder unter Flötenbegleitung gesungen, wozu besondere **Klageweiber** bestellt wurden. Und da die Todten sogleich zu Grab gebracht wurden, so hatten sich schon viele Leidtragende eingefunden.

Volk. Und da er das Volk sah, jammerte ihn dasselbe, denn sie waren verschmachtet und zerstreut, wie die Schafe, die keinen Hirten haben. Da sprach er zu seinen Jüngern: „Die Ernte ist groß, aber wenig sind der Arbeiter. Darum bittet den Herrn der Ernte, daß er Arbeiter in seine Ernte sende."

Matth. 5, 3. u. 6. Selig sind, die da geistlich arm sind, denn das Himmelreich ist ihr. Selig sind, die da hungert und dürstet nach der Gerechtigkeit, denn sie sollen satt werden.

18.
Die Gleichnißreden Jesu Christi.

Matth. 13, 11. Euch ist gegeben daß ihr das Geheimniß des Himmelreichs vernehmet.

Jesus redete zu seinen Jüngern und zum Volk mancherlei vom Reiche Gottes in folgenden Gleichnissen:

1. Vom Säemann.
(Luc. 8, 5—8.)

„Es ging ein Säemann aus zu säen seinen Samen. Indem er säete, fiel etliches an den Weg und ward zertreten, und die Vögel unter dem Himmel fraßen es auf. Etliches fiel auf den Fels, und da es aufging, verdorrte es, darum, daß es nicht Saft hatte. Etliches fiel mitten unter die Dornen, und die Dornen gingen mit auf und erstickten es. Etliches aber fiel auf ein gutes Land und es ging auf und trug hundertfältige Frucht. Wer Ohren hat, zu hören, der höre!"

Luc. 11, 28. Selig sind, die Gottes Wort hören und bewahren.

Jak. 1, 21. 22. Seid aber Thäter des Wortes und nicht Hörer allein, damit ihr euch selbst betrügt.

2. Vom Unkraut unter dem Weizen.
(Matth. 13, 24—30.)

Er legte ihnen aber ein anderes Gleichniß vor und sprach: „Das Himmelreich ist gleich einem Menschen, der guten Samen auf seinen Acker säete. Da aber die Leute schliefen, kam sein Feind und säete Unkraut zwischen den Weizen und ging davon. Da nun das Kraut wuchs und Frucht brachte, da fand sich auch das Unkraut. Da traten die Knechte zu dem Hausvater und sprachen: „Herr, hast du nicht guten Samen auf deinen Acker gesäet? Woher hat er denn das Unkraut?" Er aber sprach zu ihnen: „Das hat der Feind gethan!" Da sprachen die Knechte: „Willst du denn, daß wir hingehen und es ausgäten?" Er sprach: „Nein, auf daß ihr nicht zugleich den Weizen mit ausraufet, so ihr das Unkraut ausgätet. Lasset beides miteinander wachsen bis zur Ernte; und um die Erntezeit will ich zu den Schnittern sagen: Sammelt zuvor das Unkraut und bindet es in Bündeln, daß man es verbrenne; aber den Weizen sammelt mir in meine Scheuern!"

3. Das Senfkorn.
(Matth. 13, 31—32.)

„Das Himmelreich ist gleich einem Senfkorn, das ein Mensch nahm und säete es auf seinen Acker; welches das kleinste ist unter allen Samen; wenn es aber auferwächst, so ist es das größte unter dem Kohl, und wird ein Baum, daß die Vögel unter dem Himmel kommen und wohnen unter seinen Zweigen."

4. Vom Sauerteich.
(Matth. 13, 33.)

Ein anderes Gleichniß redete er zu ihnen: „Das Himmelreich ist einem Sauerteiche gleich, den ein Weib nahm, und vermengte ihn unter drei Scheffel Mehl, bis daß es gar durchsäuert ward."

5. Vom verborgenen Schatz.
(Matth. 13, 44.)

„Abermal ist gleich das Himmelreich einem verborgenen Schatz im Acker, welchen ein Mensch fand und verbarg ihn, und ging hin vor Freuden über denselben, und verkaufte Alles, was er hatte, und kaufte den Acker."

6. Von der Perle.
(Matth. 13, 45, 46.)

„Abermal ist gleich das Himmelreich einem Kaufmann, der gute Perlen suchte. Und da er eine köstliche Perle fand, ging er hin und verkaufte alles, was er hatte, und kaufte dieselbige."

7. Vom Netz.
(Matth. 13, 47—50.)

Abermal ist gleich das Himmelreich einem Netz, das in's Meer geworfen ist, damit man allerlei Gattung fängt. Wann es aber voll ist, so ziehen sie es heraus an das Ufer, sitzen und lesen die guten in ein Gefäß zusammen, aber die faulen werfen sie weg. Also wird es auch am Ende der Welt gehen. Die Engel werden ausgehen und die Bösen von den Gerechten scheiden; und werden sie in den Feuerofen werfen, da wird Heulen und Zähneklappern sein."

8. Vom verlorenen Schaf.
(Luc. 15, 1—7.)

Es nahten aber zu Jesu allerlei Zöllner und Sünder, daß sie ihn hörten. Und die Pharisäer und Schriftgelehrten murrten und sprachen: „Dieser nimmt die Sünder an, und ißt mit ihnen." Er sagte ihnen aber dies Gleichniß, und sprach: „Welcher Mensch ist unter euch, der hundert Schafe hat, und so er Eines verliert, der nicht lasse die neun und neunzig in der Wüste, und hingehe nach dem verlorenen, bis daß er es finde? Und wenn er es gefunden hat, so legt er es auf seine Achseln mit Freuden. Und wenn er heimkommt, ruft er seine Freunde und Nachbarn, und spricht zu ihnen: „Freut euch mit mir; denn ich habe mein Schaf gefunden, das verloren war!" Ich sage euch, also wird auch Freude im Himmel sein über einen Sünder, der Buße thut, vor neun und neunzig Gerechten, die der Buße nicht bedürfen."

Jesus nimmt die Sünder an!
Saget doch dies Trostwort allen,
Welche von der rechten Bahn
Auf verkehrten Wegen wallen.
Hier ist, was sie retten kann:
Jesus nimmt die Sünder an!

9. Vom verlorenen Groschen.
(Luc. 15, 8—10.)

"Oder, welches Weib ist, die zehn Groschen hat, so sie einen verliert, die nicht ein Licht anzünde, und kehre das Haus und suche mit Fleiß, bis daß sie ihn finde? Und wenn sie ihn gefunden hat, ruft sie ihre Freundinnen und Nachbarinnen und spricht: „Freut euch mit mir; denn ich habe meinen Groschen gefunden, den ich verloren hatte!" Also auch, sage ich euch, wird Freude sein vor den Engeln Gottes über einen Sünder, der Buße thut."

10. Vom verlorenen Sohn.
(Luc. 15, 11—32.)

Und er sprach: „Ein Mensch hatte zwei Söhne, und der jüngste unter ihnen sprach zum Vater: Gib mir, Vater, das Theil der Güter, das mir gehört. Und er theilte ihnen das Gut. Und nicht lange darnach sammelte der jüngste Sohn Alles zusammen und zog ferne über Land; und daselbst brachte er sein Gut um mit Prassen. Da er nun alles das Seine verzehrt hatte, ward eine große Theuerung durch dasselbige ganze Land, und er fing an zu darben, und ging hin, und hängte sich an einen Bürger desselbigen Landes; der schickte ihn auf seinen Acker, die Säue zu hüten. Und er begehrte seinen Bauch zu füllen mit Trabern, welche die Säue aßen, und niemand gab sie ihm. Da schlug er in sich und sprach: „Wie viele Taglöhner hat mein Vater, die Brod die Fülle haben, und ich verderbe im Hunger! Ich will mich aufmachen und zu meinem Vater gehen und zu ihm sagen: Vater, ich habe gesündigt wider den Himmel und vor dir und ich bin hinfort nicht mehr werth, daß ich dein Sohn heiße. Mache mich zu einem deiner Taglöhner." Und er machte sich auf und kam zu seinem Vater. Da er aber noch ferne vom Hause war, sah ihn sein Vater und es jammerte ihn seiner. Er lief ihm entgegen, fiel ihm um den Hals und küßte ihn. Der Sohn aber sprach zu ihm: „Vater, ich habe gesündigt wider den Himmel und vor dir; ich bin hinfort nicht mehr werth, daß ich dein Sohn heiße." Aber der Vater sprach zu seinen Knechten: „Bringt das beste Kleid hervor und zieht es ihm an; gebt ihm einen Fingerring an seine Hand und Schuhe an seine Füße und bringt ein gemästetes Kalb her und schlachtet es. Laßt uns essen und fröhlich sein! Denn dieser mein Sohn war todt und ist wieder lebendig geworden; er war verloren und ist gefunden worden." Und sie fingen an, fröhlich zu sein.

Aber der älteste Sohn war auf dem Felde. Und als er nahe zum Hause kam und den Gesang und den Reigen hörte, rief er einen der Knechte zu sich und fragte, was das wäre? Der sagte ihm: „Dein Bruder ist gekommen, und dein Vater hat ein gemästetes Kalb geschlachtet, weil er ihn gesund wieder hat." Da ward er zornig und wollte nicht hineingehen. Da ging sein Vater heraus und bat ihn. Er antwortete aber seinem Vater: „Siehe, so viele Jahre diene ich dir und habe dein Gebot noch nie übertreten, und du hast mir nie einen Bock gegeben, daß ich mit meinen Freunden fröhlich wäre; nun aber dieser dein Sohn gekommen ist, der sein Gut verpraßt hat, hast du ihm ein gemästetes Kalb geschlachtet."

Der Vater sprach zu ihm: „Mein Sohn, du bist allezeit bei mir, und alles, was mein ist, das ist dein; du solltest aber fröhlich und gutes Muths sein, denn dieser dein Bruder war todt und ist wieder lebendig geworden, er war verloren und ist wieder gefunden."

Luc. 5, 31. 32. Die Gesunden bedürfen des Arztes nicht, sondern die Kranken; ich bin gekommen zu rufen die Sünder zur Buße und nicht die Gerechten.

2. Petr. 3, 9. Der Herr hat Geduld mit uns und will nicht, daß jemand verloren werde, sondern daß sich jedermann zur Buße kehre.

Hes. 33,11. So wahr als ich lebe, spricht der Herr, ich habe keinen Gefallen am Tode des Gottlosen, sondern daß sich der Gottlose bekehre von seinem Wesen und lebe.

11. **Vom Pharisäer und Zöllner.**

(Luc. 18, 9—14.)

Jesus sagte einmal zu etlichen, die sich selbst vermaßen, daß sie fromm wären, und verachteten die anderen, folgendes Gleichniß: „Es gingen zwei Menschen hinauf in den

Tempel, zu beten: „Einer ein Pharisäer, der andere ein Zöllner. Der Pharisäer stand und betete bei sich selbst also: „Ich danke dir, Gott, daß ich nicht bin wie andere Leute, Räuber, Ungerechte, Ehebrecher, oder auch wie dieser Zöllner. Ich faste zweimal in der Woche und gebe den Zehnten von allem, das ich habe." Der Zöllner aber stand von ferne, wollte auch seine Augen nicht aufheben gen Himmel, sondern schlug an seine Brust, und sprach: „Gott, sei mir Sünder gnädig!" Ich sage euch, dieser ging gerechtfertigt hinab in sein Haus, vor jenem. Denn wer sich selbst erhöhet, der wird erniedrigt werden, und wer sich selbst erniedrigt, der wird erhöhet werden."

1. Joh. 1, 8. So wir sagen, wir haben keine Sünde, so verführen wir uns selbst und die Wahrheit ist nicht in uns.

1. Petr. 5, 5. Gott widersteht den Hoffärtigen, aber den Demüthigen gibt er Gnade.

Aus tiefer Noth ruf' ich zu dir;
Herr Gott, erhör' mein Flehen,
Und neig dein gnädig Ohr zu mir,
Laß, was ich bitt' geschehen!
Denn so du willst das sehen an,
Was Sünd und Unrecht ist gethan,
Wer kann, Herr, vor dir bleiben?

12. Vom barmherzigen Samariter.
(Luc. 10, 25—37.)

Und siehe, da stand ein Schriftgelehrter auf, versuchte Jesum und sprach: „Meister, was muß ich thun, daß ich das ewige Leben ererbe?" Jesus aber sprach zu ihm: „Wie steht im Gesetz geschrieben? Wie liesest du?" Der Schriftgelehrte antwortete und sprach: „Du sollst Gott deinen Herrn, lieben von ganzem Herzen, von ganzer Seele, von allen Kräften und von ganzem Gemüthe, und deinen Nächsten wie dich selbst." Jesus aber sprach zu ihm: „Du hast recht geantwortet; thue das, so wirst du leben." Der Schriftgelehrte aber wollte sich selbst rechtfertigen und sprach: „Wer ist denn mein Nächster?" Da antwortete Jesus und sprach: „Es war ein Mensch, der ging von Jerusalem hinab gen Jericho und fiel unter die Mörder; die zogen ihn aus und schlugen ihn und gingen davon und ließen ihn halb todt liegen. Es begab sich aber von ungefähr, daß ein **Priester** dieselbige Straße hinab zog, und da er ihn sah, ging er vorüber. Deßselbigen gleichen auch ein **Levit**; da er kam an die Stätte und sah ihn, ging er vorüber. Ein Samariter aber reiste und kam dahin; und da er ihn sah, jammerte ihn sein, ging zu ihm, verband ihm seine Wunden, und goß hinein Oel und Wein; und hob ihn auf sein Thier und führte ihn in die Herberge und pflegte sein. Des andern Tages reiste er und zog heraus zwei Groschen, und gab sie dem Wirth und sprach zu ihm: Pflege sein und so du etwas mehr darthun wirst, will ich dir's bezahlen, wenn ich wieder komme. — Welcher dünkt dich), der unter diesen dreien der Nächste sei gewesen dem, der unter die Mörder gefallen war?" Der Schriftgelehrte sprach: „Der die Barmherzigkeit an ihm that." Da sprach Jesus zu ihm: „So gehe hin, und thue desgleichen."

Jak. 4, 17. Wer da weiß, Gutes zu thun, und thut's nicht, dem ist's Sünde.

Matth. 5, 7. Selig sind die Barmherzigen, denn sie werden Barmherzigkeit erlangen!

Jes. 58, 7. Brich dem Hungrigen dein Brod, und die, so im Elend sind, führe in's Haus. So du einen nackend siehst, so kleide ihn.

Matth. 7, 12. Alles nun, was ihr wollt, das euch die Leute thun sollen, das thut ihr ihnen; denn das ist das Gesetz und die Propheten.

13. Vom unbarmherzigen Knecht.
(Matth. 18, 21—35.)

Petrus trat zu Jesus und sprach: „Herr, wie oft muß ich denn meinem Bruder, der an mir sündigt, vergeben? Ist es genug siebenmal?" Jesus sprach zu ihm: „Ich sage dir nicht siebenmal, sondern siebenzigmal siebenmal. Darum ist das Himmelreich gleich einem Könige, der mit seinen Knechten rechnen wollte. Und als er anfing, zu rechnen, kam ihm einer vor, der war ihm zehn tausend Pfund schuldig.*) Da er es nun nicht hatte zu bezahlen, hieß der Herr verkaufen**) ihn, und sein Weib und seine Kinder und alles, was er hatte, und bezahlen. Da fiel der Knecht nieder und betete ihn an und sprach: „Herr, habe Geduld mit mir, ich will dir alles bezahlen." Da jammerte den Herrn des Knechts und er ließ ihn los und die Schuld erließ er ihm auch. Da ging derselbige Knecht hinaus und fand einen seiner Mitknechte, der war ihm hundert Groschen schuldig; und er griff ihn an, und würgte ihn und sprach: „Bezahle mir, was du mir schuldig bist!" Da fiel sein Mitknecht nieder und bat ihn und sprach: „Habe Geduld mit mir, ich will dir alles bezahlen!" Er wollte aber nicht; sondern ging hin und warf ihn in's Gefängniß, bis daß er bezahle, was er schuldig war. Da aber seine Mitknechte solches sahen, wurden sie sehr betrübt und kamen und brachten vor ihren Herrn alles, was sich begeben hatte. Da forderte ihn sein Herr vor sich und sprach zu ihm: „Du Schalksknecht, alle diese Schuld habe ich dir erlassen, dieweil du mich batest; solltest du denn dich nicht auch erbarmen über deinen Mitknecht, wie ich mich über dich erbarmet habe?" Und sein Herr ward zornig und übergab ihn den Peinigern, bis daß er bezahle alles, was er ihm schuldig war. — **Also wird euch mein himmlischer Vater auch thun, wenn ihr nicht vergebet von euren Herzen, ein jeglicher seinem Bruder seine Fehler."**

1. Joh. 4, 20. So jemand spricht: Ich liebe Gott, und hasset seinen Bruder, der ist ein Lügner. Denn wer seinen Bruder nicht liebt, den er sieht, wie kann er Gott lieben, den er nicht sieht?

Matth. 6. 14. 15. So ihr den Menschen ihre Fehler vergebt, so wird euch euer himmlischer Vater auch vergeben. Wo ihr aber den Menschen ihre Fehler nicht vergebt, so wird euch euer Vater eure Fehler auch nicht vergeben.

14. Vom unfruchtbaren Feigenbaum.
(Luc. 13, 6—9.)

Er sagte ihnen aber dies Gleichniß: „Es hatte einer einen Feigenbaum, der war gepflanzt in seinem Weinberge, und

---

*) Zehntausend Pfund: etwa 20 Millionen Dollars.
**) Alles—verkaufen: nach mosaischem Recht: 2. Mos. 22, 3. — 3. Mos. 25, 39.

kam und suchte Frucht darauf, **und** fand sie nicht. Da sprach er zu dem Weingärtner: „Siehe, ich bin nun drei Jahre lang alle Jahr gekommen **und** habe Frucht gesucht auf diesem Feigenbaume und finde sie nicht; haue ihn ab, was hindert **er** das Land? Er aber antwortete und sprach zu ihm: Herr, laß ihn **noch dies** Jahr, bis daß ich um ihn grabe und bedünge ihn; **ob er** wollte Frucht bringen; wo nicht, so haue ihn darnach ab."

Pf. 103, 8. Barmherzig und gnädig ist **der Herr**, geduldig und von großer Güte.

Röm. 2, 4. Verachtest du den Reichthum seiner Güte, Geduld und Langmüthigkeit? Weißt **du** nicht, daß dich Gottes Güte zur Buße leitet?

15. Vom großen Abendmahl.
(Luc. 14, 16—24.)

Jesus sprach: Es war ein Mensch, der machte ein groß Abendmahl und lud Viele dazu. Und sandte seinen Knecht aus zur Stunde des Abendmahls, zu sagen den Geladenen: Kommt, **denn es ist alles** bereit. Und sie fingen an alle **nach** einander sich zu entschuldigen. Der erste sprach zu ihm: Ich habe einen Acker gekauft und muß hinaus gehen und ihn besehen; ich bitte dich, entschuldige mich. Und der andere sprach: Ich habe fünf Joch Ochsen gekauft, und ich **gehe** jetzt hin, sie zu besehen; ich bitte dich entschuldige mich. Und der dritte sprach: Ich habe ein Weib genommen, darum kann ich nicht kommen. Und der Knecht kam und sagte das seinem Herrn wieder. Da **ward** der Hausherr zornig und sprach zu seinem **Knechte**: Gehe **alsbald** auf die Straßen und Gassen **der Stadt** und führe **die** Armen und Krüppel und Lahmen und Blinden herein. Und der Knecht sprach: Herr, es ist geschehen, was du befohlen hast; es ist aber noch Raum da. Und **der Herr** sprach zu dem Knechte: Gehe aus, auf die Landstraßen und an die Zäune und nöthige sie herein zu kommen, auf daß mein Haus voll werde. Ich sage euch aber, daß der Männer keiner, die geladen sind, mein Abendmahl schmecken **wird**."

Pf. 95, 7. 8. **Heute, so ihr** seine Stimme höret, so verstocket euer Herz nicht.

16. Vom thörichten Reichen.
(Luc. 12, 13—21.)

Es sprach aber einer aus dem Volk zu Jesus: „Meister, sage meinem Bruder, daß er mit mir das Erbe theile." Der Herr aber antwortete ihm: „Mensch, wer hat mich zum Richter oder Erbtheiler über euch gesetzt?" Und er sprach zu ihnen: „Sehet zu und hütet euch vor dem Geiz; denn niemand lebt davon, daß er viel Güter hat."

Und er sagte ihnen ein Gleichniß und sprach: „Es war ein reicher Mensch, deß Feld hatte wohl getragen. Und er gedachte bei sich selbst und sprach: Was soll ich thun, da ich meine Früchte hinsammle! Und sprach: Das will ich thun: Ich will meine Scheunen abbrechen und größere bauen, und will darin sammeln alles, was mir gewachsen ist. Und will sagen zu meiner Seele: „Liebe Seele, du hast einen großen Vorrath auf viele Jahre; habe nun Ruhe, iß und trink, und habe guten Muth." Aber Gott sprach zu ihm: „Du Narr, diese Nacht wird man deine Seele von dir fordern und weß wird es dann sein, das du bereitet hast?" Also geht es, wer sich Schätze sammelt und ist nicht reich in Gott.

Matth. 6, 33. Trachtet am ersten nach dem Reiche Gottes und nach seiner Gerechtigkeit, so wird euch solches alles zufallen.

Matth. 6, 19. 20. Ihr sollt euch nicht Schätze sammeln auf Erden, da sie die Motten und der Rost fressen, und da die Diebe nachgraben und stehlen. Sammelt euch aber Schätze im Himmel!

17. Vom reichen Mann und armen Lazarus.
(Luc. 16, 19—31.)

Und Jesus sprach: „Es war aber ein reicher Mann, der kleidete sich mit Purpur und köstlicher Leinwand und lebte alle Tage herrlich und in Freuden. Es war aber ein Armer, mit Namen Lazarus, der lag vor seiner Thür voller Schwären, und begehrte sich zu sättigen von den Brosamen, die von des Reichen Tische fielen; doch kamen die Hunde, und leckten ihm seine Schwären. Es begab sich aber, daß der Arme starb, und ward getragen von den Engeln in Abrahams Schooß. Der Reiche aber starb auch und ward begraben. Als er nun in der Hölle und in der Qual war, hob er seine Augen auf und sah Abraham von fern, und Lazarus in seinem Schooß, rief und sprach: „Vater Abraham! erbarme dich meiner, und sende den Lazarus, daß er das Aeußerste seines Fingers in's Wasser tauche und kühle meine Zunge; denn ich leide Pein in dieser Flamme!" Abraham aber sprach: „Gedenke Sohn, daß du dein Gutes empfangen hast in deinem Leben, und Lazarus dagegen hat Böses empfangen; nun aber wird er getröstet und du wirst gepeiniget. Und über das alles ist zwischen uns und euch eine große Kluft befestigt, daß, die da wollten von hinnen hinabfahren zu euch, können nicht, und auch nicht von dannen zu uns herüberfahren." Da sprach er: „So bitte ich dich, Vater, daß du ihn sendest in meines Vaters Haus, denn ich habe noch fünf Brüder, daß er ihnen ein Zeugniß bringe von der unsichtbaren Welt, damit sie nicht auch kommen an diesen Ort der Qual." Abraham sprach zu ihm: „Sie haben Mose und die Propheten; laß sie dieselbigen hören." Er aber sprach: „Nein, Vater Abraham; sondern wenn einer von den Todten zu ihnen ginge, so würden sie Buße thun." Er sprach zu ihm: „Hören sie Mose und die Propheten nicht, so werden sie auch nicht glauben, wenn jemand von den Todten auferstände."

Röm. 2, 11 und 6. Es ist kein Ansehen der Person vor Gott, welcher wird geben einem jeglichen nach seinen Werken.

1. Tim. 6, 17. Den Reichen von dieser Welt gebiete, daß sie nicht stolz seien, auch nicht hoffen auf den ungewissen Reichthum, sondern auf den lebendigen Gott.

18. Von den Arbeitern im Weinberg.
(Matth. 20, 1—16.)

„Das Himmelreich ist gleich einem Hausvater, der am Morgen ausging, Arbeiter zu miethen in seinen Weinberg. Nachdem er mit den Arbeitern eins ward um einen Groschen zum Taglohn, sandte er sie in seinen Weinberg. Und er ging aus um die dritte Stunde (Morgens neun Uhr) und sah andere an dem Markt müßig stehen und sprach zu ihnen: „Gehet ihr auch hin in den Weinberg; ich will euch geben, was recht ist." Und sie gingen hin.

Abermal ging er aus um die sechste und neunte Stunde und that gleich also. Um die elfte Stunde (Abends fünf Uhr) ging er noch einmal aus und fand andere müßig stehen und sprach zu ihnen: „Was stehet ihr hier den ganzen Tag müßig?" Sie sprachen zu ihm: „Es hat uns niemand gedinget." Er sprach zu ihnen: „Gehet ihr auch hin in den Weinberg, und was recht ist, soll euch werden."

Da es nun Abend ward, sprach der Herr des Weinbergs zu seinem Schaffner: „Rufe die Arbeiter und gib ihnen den Lohn und fange an bei den letzten bis zu den ersten." Da kamen die, welche um die elfte Stunde gedinget waren und empfing ein jeglicher seinen Groschen. Da aber die ersten kamen, meinten sie, sie würden mehr empfangen, und sie empfingen auch ein jeglicher seinen Groschen. Und da sie den empfingen, murrten sie wider den Hausvater und sprachen: „Diese letzten haben nur eine Stunde gearbeitet, und du hast sie uns gleich gemacht, die wir des Tages Last und Hitze getragen haben." Er antwortete aber einem unter ihnen: „Mein Freund, ich thue dir nicht unrecht. Bist du nicht mit mir eins geworden um einen Groschen? Nimm, was dein ist und gehe hin. Ich will aber diesen letzten geben wie dir. Oder habe ich nicht Macht zu thun mit dem Meinigen, was ich will? Siehest du scheel dazu, daß ich so gütig bin?"

„**Also werden die Letzten die Ersten und die Ersten die Letzten sein. Denn viele sind berufen, aber wenige sind auserwählet.**"

Luc. 17, 10. Wenn ihr alles gethan habt, was euch befohlen ist, so sprechet: Wir sind unnütze Knechte gewesen; wir haben gethan, was wir zu thun schuldig waren.

2. Cor. 12, 9. Laß dir an meiner Gnade genügen.

19. Von den bösen Weingärtnern.
(Matth. 21, 33—41.)

Jesus hörte nicht auf, das Volk zu belehren und die Bosheit und die Heuchelei seiner Feinde aufzudecken. Er sprach zu ihnen folgendes Gleichniß:

„Es war ein Hausvater, der pflanzte einen Weinberg, und führte einen Zaun darum, und grub eine Kelter darin, und baute einen Thurm, übergab ihn den Weingärtnern und zog über Land. Da nun herbei kam die Zeit der Früchte, sandte er seine Knechte zu den Weingärtnern, seine Früchte zu empfangen. Da nahmen die Weingärtner seine Knechte, einen stäupten sie, den andern tödteten sie, den dritten steinigten sie. Abermal sandte er andere Knechte, mehr denn zuvor, und sie thaten ihnen ebenso. Darnach sandte er seinen Sohn zu ihnen, und sprach: „Sie werden sich vor meinem Sohne scheuen." Da aber die Weingärtner den Sohn sahen, sprachen sie unter einander: „Das ist der Erbe; kommt, laßt uns ihn tödten, und sein Erbgut an uns bringen." Und sie nahmen ihn, und stießen ihn zum Weinberg hinaus und tödteten ihn. Wenn der Herr des Weinbergs kommen wird, was wird er diesen Weingärtnern thun?" Sie sprachen zu ihm: „Er wird die Bösewichte übel umbringen, und seinen Weinberg andern Weingärtnern übergeben, die ihm Früchte zur rechten Zeit geben." Jesus sprach zu ihnen: „Darum sage ich euch: das Reich Gottes wird von euch genommen und den Heiden gegeben werden, die seine Früchte **bringen**."

Joh. 5, 23. Sie sollen alle den Sohn ehren, wie sie den Vater ehren. Wer den Sohn nicht ehrt, der ehrt den Vater nicht, der ihn gesandt hat.

20. Vom hochzeitlichen Kleid.
(Matth. 22, 1—14.)

Und Jesus antwortete und redete abermals durch Gleichnisse zu ihnen und sprach: „Das **Himmelreich ist gleich einem Könige**, der seinem Sohne **Hochzeit** machte und sandte seine Knechte aus, daß sie die Gäste zur Hochzeit riefen; aber sie wollten nicht kommen. Abermal sandte er Knechte aus nnd sprach: „Saget den Gästen, siehe, meine Mahlzeit habe ich bereitet, meine Ochsen und mein Mastvieh sind geschlachtet und alles ist bereit; kommt zur Hochzeit.

Aber sie verachteten das und gingen hin, einer auf seinen Acker, der andere zu seiner Hantirung. Etliche aber griffen seine Knechte, höhnten und tödteten sie.

Da das der König hörte, ward er zornig und schickte seine Heere aus, brachte diese Mörder um und zündete ihre Stadt an. Alsdann sprach er zu seinen Knechten: „Die

Hochzeit ist zwar bereitet, aber die Gäste waren es nicht werth. Darum gehet hin auf die Straßen und ladet zur Hochzeit, wen ihr findet." Und die Knechte gingen aus und brachten zusammen, wen sie fanden, Böse und Gute. Und die Tische wurden alle voll.

Da ging der König hinein, die Gäste zu besehen, und sah allda einen Menschen, der hatte kein hochzeitliches Kleid*) an. Und sprach zu ihm: „Freund, wie bist du hereingekommen und hast doch kein hochzeitliches Kleid an?" Er aber verstummte. Da sprach der König: „Werfet ihn in die äußerste Finsterniß hinaus, da Heulen und Zähnklappen sein wird. **Denn viele sind berufen, aber wenige sind auserwählt.**

Eph. 4, 22—24. Leget von euch ab, nach dem vorigen Wandel, den alten Menschen, der durch Lüste in Irrthum sich verderbt. Erneuert euch aber im Geist eures Gemüthes und ziehet den neuen Menschen an, der nach Gott geschaffen ist in rechtschaffener Gerechtigkeit und Heiligkeit.

21. Von den zehn Jungfrauen.
(Matth. 25, 1—13.)

„Das Himmelreich wird gleich sein zehn Jungfrauen, die ihre Lampen nahmen und gingen aus dem Bräutigam entgegen. Aber fünf unter ihnen waren thöricht, und fünf waren klug. Die thörichten nahmen ihre Lampen, aber sie nahmen kein Oel mit sich; die klugen aber nahmen Oel in in ihren Gefäßen sammt ihren Lampen. Da nun der Bräutigam verzog, wurden sie Alle schläfrig und entschliefen. Zur Mitternacht aber ward ein Geschrei: „Siehe, der Bräutigam kommt; gehet aus ihm entgegen!" Da standen diese Jungfrauen alle auf, und schmückten ihre Lampen. Die thörichten aber sprachen zu den klugen: „Gebt uns von eurem Oel, denn unsere Lampen verlöschen!" Da antworteten die klugen, und sprachen: „Nicht also, auf daß nicht uns und euch gebreche. Gehet aber hin zu den Krämern, und kaufet für euch selbst." Und da sie hingingen, zu kaufen, kam der Bräutigam; und welche bereit waren, gingen mit

---

*) **Kein hochzeitliches Kleid** Nach morgenländischer Sitte erhalten die Gäste der Könige Festkleider zum Geschenk. Dieser Gast hatte also das angebotene Kleid verschmäht, es nicht genommen; d. h. **Demuth und Glaube** fehlten ihm, er brachte den alten Menschen mit, blieb, wie er war.

ihm hinein zur Hochzeit; und die Thür ward verschlossen. Zuletzt kamen auch die andern Jungfrauen, und sprachen: „Herr, Herr **thue** uns auf!" Er antwortete aber und sprach: „Wahrlich ich sage euch, ich kenne euch nicht." — Darum wachet: denn ihr wisset weder Tag noch Stunde, in welcher des Menschensohn kommen wird.

Luc. 12, 37. Selig sind die Knechte, die der Herr, so er kommt, wachend findet.

Matth. 26, 41. Wachet und betet, daß ihr nicht in Anfechtung fallet. Der Geist ist willig, aber das Fleisch ist schwach.

22. Von den anvertrauten Centnern.
(Matth. 25, 14—30.)

„Ein Mensch, der über Land ging, rief seine Knechte und übergab ihnen seine Güter. Und einem gab er fünf Centner, dem andern zwei, dem dritten einen, einem jeden nach seinem Vermögen, und zog bald hinweg. Da ging der hin, der fünf Centner empfangen hatte, und handelte mit denselbigen und gewann andere fünf Centner. Desgleichen auch, der zwei Centner empfangen hatte, und gewann auch zwei andere. Der aber Einen empfangen hatte, ging hin und machte eine Grube in die Erde und verbarg seines Herrn Geld. Ueber eine lange Zeit kam der Herr dieser Knechte und hielt Rechenschaft mit ihnen. Da trat herzu, der fünf Centner empfangen hatte, und legte andere fünf Centner dar und sprach: Herr, du hast mir fünf Centner gegeben; siehe da, ich habe damit andere fünf Centner gewonnen. Da sprach sein Herr zu ihm: Ei, du frommer und getreuer Knecht, du bist über Wenigem getreu gewesen, ich will dich über Viel setzen. Gehe ein zu deines Herrn Freude. Da trat auch herzu, der zwei Centner empfangen hatte, und sprach: Herr, du hast mir zwei Centner gegeben; siehe da, ich habe mit denselben zwei andere gewonnen. Sein Herr sprach zu ihm: Ei, du frommer und getreuer Knecht, du bist über Wenigem getreu gewesen, ich will dich über Viel setzen. Gehe ein zu deines Herrn Freude. Da trat auch der herzu, der einen Centner empfangen hatte, und sprach: Herr, ich wußte, daß du ein harter Mann bist, du schneidest, wo du nicht gesäet hast, und sammelst, da du nicht gestreuet hast. Und fürchtete mich, und ging hin und verbarg deinen Centner in die Erde. Siehe, da hast du das Deine." Sein Herr aber antwortete und sprach zu ihm: „Du Schalk und fauler Knecht, wußtest du, daß ich schneide, da ich nicht gesäet habe, und sammle, da ich nicht gestreuet habe; so solltest du mein Geld zu den Wechslern gethan haben, und wenn ich gekommen wäre, hätte ich das Meine zu mir genommen mit Wucher. Darum nehmet von ihm den Centner und gebt ihn dem, der zehn Centner hat. Denn wer da hat, dem wird gegeben werden, und wird die Fülle haben; wer aber nicht hat, dem wird auch, was er hat genommen werden. Und den unnützen Knecht werfet in die äußerste Finsterniß hinaus, da wird sein Heulen und Zähnklappen."

Luc. 12, 48. Welchem viel gegeben ist, bei dem wird man viel suchen, und welchem viel befohlen ist, von dem wird man viel fordern.

19.
Jesus, der gute Hirte.
(Joh. 10, 12—16. Matth. 11, 28—30.)

Ps. 23, 1. Der Herr ist mein Hirte; mir wird nichts mangeln.

1. Jesus sprach: „Ich bin ein guter Hirte. Ein guter Hirte läßt sein Leben für die Schafe. Ein Miethling aber, der nicht Hirte ist, deß die Schafe nicht eigen sind, sieht den Wolf kommen und verläßt die Schafe und flieht, und der Wolf erhascht und zerstreut die Schafe. Der Miethling aber flieht; denn er ist ein Miethling und achtet der Schafe nicht. Ich bin ein guter Hirte, und erkenne die Meinen, und bin bekannt den Meinen, wie mich mein Vater kennt, und ich kenne den Vater; und ich lasse mein Leben für die Schafe. Und ich habe noch andere Schafe, die sind nicht aus diesem Stalle. Und dieselben muß ich herführen, und sie werden meine Stimme hören, und wird Eine Herde und Ein Hirte werden.

2. **Jesu Aufforderung, zu ihm zu kommen.** „Kommet her zu mir alle, die ihr mühselig und beladen seid, ich will euch erquicken. Nehmet auf euch mein Joch und lernet von mir; denn ich bin sanftmüthig und von

Herzen demüthig; so werdet ihr Ruhe finden für eure Seelen. Denn mein Joch ist sanft und meine Last ist leicht." (Matth. 11, 29. 30.)

„Ich bin das Licht der Welt. Wer mir nachfolgt, der wird nicht wandeln in Finsterniß, sondern wird das Licht des Lebens haben'" (Joh. 8, 12.)

Hesek. 34. 23. Und ich will ihnen einen einzigen Hirten erwecken, der sie weiden soll.

Jesus, frommer Menschenherden
Guter und getreuer Hirt,
Laß mich ein's von denen werden,
Die dein Ruf und Stab regiert.

Ach, du hast aus Lieb dein Leben
Für die deinen hingegeben;
Und du gabst es auch für mich:
Laß mich wieder lieben dich.

20.

Jesus, der Kinderfreund.

(Matth. 18. 19. Marc. 9. 10. Luc. 9.)

Eph. 3, 15. Gott ist der rechte Vater über alles, was da Kinder heißt im Himmel und auf Erden.

1. Eines Tages brachten sie Kindlein zu Jesus, daß er die Hände auf sie lege und sie segne. Die Jünger aber fuhren die an, die sie trugen. Da Jesus das sah, ward er unwillig und sprach zu ihnen: „Lasset die Kindlein zu mir kommen und wehret ihnen nicht, denn solcher ist das Reich Gottes. Wahrlich, ich sage euch, wer das Reich Gottes nicht empfängt als ein Kindlein, der wird nicht hinein kommen." Und er herzte sie, legte die Hände auf sie und segnete sie.

2. Ein anderes Mal fragten ihn seine Jünger: „Wer ist doch der größte im Himmelreich?" Jesus rief ein Kind zu sich, stellte es mitten unter sie und sprach: „Wahrlich, ich sage euch, wenn ihr nicht umkehret und werdet wie die Kin-

der, so werdet ihr nicht in das Himmelreich kommen. Wer sich nun selbst erniedrigt, wie dies Kind, der ist der größte im Himmelreich; und wer ein solches Kind aufnimmt in meinem Namen, der nimmt mich auf. Wer aber ärgert dieser Geringsten einen, die an mich glauben, dem wäre besser, daß ein Mühlstein an seinen Hals gehängt und er ersäuft würde im Meer, da es am tiefsten ist. Sehet zu, daß ihr keines von diesen Kleinen verachtet! Denn ich sage euch, ihre Engel im Himmel sehen allezeit das Angesicht meines Vaters im Himmel."

Marc. 10, 14. Lasset die Kindlein zu mir kommen und wehret ihnen nicht, denn solcher ist das Reich Gottes.

O selig Haus, wo man die lieben Kleinen
Mit Händen des Gebets an's Herz dir legt,
Du Freund der Kinder, der sie als die Seinen
Mit mehr als Mutterliebe hegt und pflegt;
Wo sie zu deinen Füßen gern sich sammeln
Und horchen deiner Rede zu,
Und lernen früh dein Lob mit Freuden stammeln,
Sich deiner freuen, du lieber Heiland, du!

21.

Petri Bekenntniß.

(Matth. 16, 13—26.)

Matth. 10, 32. Wer mich bekennet vor den Menschen, den will ich auch bekennen vor meinem himmlischen Vater.

1. Jesus fragte eines Tages seine Jünger: „Wer sagen die Leute, daß des Menschen Sohn sei?" Sie sprachen: „Etliche sagen, du seist Johannes der Täufer; die andern, du seist Elias; etliche, du seist Jeremias, oder der Propheten einer." Er sprach zu ihnen: „Wer sagt denn i h r, daß ich sei?" Da antwortete Simon Petrus und sprach: „Du bist Christus, des lebendigen Gottes Sohn." Und Jesus sprach: „Selig bist du, Simon, Jonas Sohn; denn Fleisch und Blut hat dir das nicht geoffenbart, sondern mein Vater im Himmel. Und ich sage dir auch: „Du bist

Petrus, und auf diesen Felsen will ich bauen meine Gemeinde, und die Pforten der Hölle sollen sie nicht überwältigen. Und ich will dir des Himmelreichs Schlüssel geben. Alles, was du auf Erden binden wirst, soll auch im Himmel gebunden sein; und alles, was du auf Erden lösen wirst, soll auch im Himmel los sein.*) Dieselbe Verheißung gab der Herr später allen seinen Jüngern. (Matth. 18, 18. Joh. 20, 21—23.)

2. In der Zeit fing Jesus an, und zeigte seinen Jüngern, wie er müsse nach Jerusalem gehen, und viel leiden von den Aeltesten, und Hohenpriestern und Schriftgelehrten, und getödtet werden und am dritten Tag auferstehen. Und Petrus fuhr ihn an und sprach: „Herr, schone deiner selbst, das widerfahre dir nur nicht!" Aber Jesus wandte sich um und sprach zu Petrus: „Hebe dich weg von mir, Satan, du bist mir ärgerlich; denn du meinst nicht, was göttlich, sondern was menschlich ist." Da sprach Jesus zu seinen Jüngern: „**Will mir jemand nachfolgen, der verleugne sich selbst und nehme sein Kreuz auf sich und folge mir nach!** Denn wer sein Leben erhalten will, der wird es verlieren; wer aber sein Leben verliert um meinetwillen, der wird es finden. **Was hülfe es dem Menschen, so er die ganze Welt gewönne und nähme doch Schaden an seiner Seele? Oder was kann der Mensch geben, damit er seine Seele wieder löse?**

1. Cor. 12, 3. Niemand kann Jesum einen Herrn heißen, ohne durch den heiligen Geist.

Röm. 1, 16. Ich schäme mich des Evangeliums von Christo nicht; denn es ist eine Kraft Gottes, die da selig macht alle, die daran glauben.

> Wenn ich ihn nur habe,
> Laß ich alles gern,
> Folg an meinem Wanderstabe
> Treu gesinnt nur meinem Herrn,
> Lasse still die andern
> Breite, lichte, volle Straßen wandern.

---

*) Binden und Lösen. Binden bedeutet: verbieten, für unerlaubt erklären; lösen, bedeutet: erlauben, für erlaubt erklären.

22.
Die Verklärung Jesu.
(Matth. 17. Marc. 9. Luc. 9.)

Joh. 17, 5. Verkläre mich, Vater, bei dir selbst mit der Klarheit, die ich bei dir hatte, ehe die Welt war.

Und nach sechs Tagen nahm Jesus die Jünger Petrus, Jakobus und Johannes zu sich und führte sie beiseits auf einen hohen Berg. Und ward verklärt vor ihnen, und sein Angesicht leuchtete wie die Sonne, und seine Kleider wurden weiß als wie Licht. Und siehe, da erschienen Moses und Elias, die redeten mit ihm. Petrus aber sprach zu Jesus: Herr, hier ist gut sein; willst du, so wollen wir hier drei Hütten machen, dir eine, Mose eine und Elia ein." Da er noch redete, siehe, da überschattete sie eine lichte Wolke, und eine Stimme aus der Wolke sprach: „Dies ist mein lieber Sohn, an welchem ich Wohlgefallen habe, den sollt ihr hören." Da das die Jünger hörten, fielen sie auf ihr Angesicht, und erschraken sehr. Jesus aber trat zu ihnen, rührte sie an und sprach: „Stehet auf und fürchtet euch nicht!" Da sie aber ihre Augen aufhoben, sahen sie niemand, denn Jesus allein. Und da sie vom Berge herabstiegen, gebot ihnen Jesus und sprach: „Ihr sollt dies Gesicht niemand sagen, bis des Menschen Sohn von den Todten auferstanden ist."

Joh. 1, 14. Wir sahen seine Herrlichkeit, eine Herrlichkeit als des eingebornen Sohnes vom Vater, voller Gnade und Wahrheit.

23.
Jesus als Gast bei Maria und Martha.
(Luc. 10.)

1. Petr. 3, 4. Der verborgene Mensch des Herzens, unverrückt mit sanftem und stillem Geist, das ist köstlich vor Gott.

Eine Stunde von Jerusalem jenseits des Oelbergs, liegt eine kleine Stadt, namens Bethanien. In diesem Bethanien wohnten drei Geschwister, Lazarus, Maria und **Martha**, die Jesus lieb hatte und bei denen er oft einkehrte.

Eines Tages kam er wieder dahin und sie freuten sich sehr. Maria setzte sich zu Jesu Füßen und hörte seiner Rede zu. Martha aber machte sich viel zu schaffen, ihm zu dienen. Und sie trat hinzu und sprach: „Herr, fragst du nichts darnach, daß mich meine Schwester läßt allein dienen? Sage ihr doch, daß sie auch angreife!" Jesus aber antwortete und sprach zu ihr: „Martha, Martha, du hast viele Sorge und Mühe: Eins aber ist noth! Maria hat das gute Theil erwählet, das soll nicht von ihr genommen werden."

Pf. 73. 25. 26. Wenn ich dich nur habe, so frage ich nichts nach Himmel und Erde. Wenn mir gleich Leib und Seele verschmachtet, so bist du doch, Gott, allezeit meines Herzens Trost und mein Theil.

Seele, dir ist auch beschieden,
Was Maria sich erlas,
Als sie dort mit süßem Frieden,
Still zu Jesu Füßen saß.
Ihr Herz, das entbrannte, die heiligen Lehren
Von Jesu, dem himmlischen Meister zu hören;
Ihr Alles war gänzlich in Jesum versenkt,
So ward ihr auch Alles in einem geschenkt.

24.
Die Auferweckung des Lazarus.
(Joh. 11.)

1. Cor. 15, 55. Der Tod ist verschlungen in den Sieg.

1. Lazarus, der Bruder der Maria und Martha, lag aber krank. Da sandten seine Schwestern zu Jesus und ließen ihm sagen: „Herr, siehe, den du lieb hast, der liegt krank." Da Jesus das hörte, sprach er: „Die Krankheit ist nicht zum Tode, sondern zur Ehre Gottes, daß der Sohn Gottes dadurch geehrt werde." Aber er blieb noch zwei Tage an dem Ort, da er war. Darnach spricht er zu seinen Jüngern: „Lazarus, unser Freund schläft, aber ich gehe

hin, daß ich ihn aufwecke!" Da sprachen seine Jünger: „Herr schläft er, so wird es besser mit ihm." Sie meinten, er redete vom leiblichen Schlaf. Da sagte es ihnen Jesus frei heraus: „Lazarus ist gestorben; aber laßt uns zu ihm ziehen."

2. Als Martha nun hörte, daß Jesus kommt, geht sie ihm entgegen und spricht zu ihm: „Herr, wärst du hier gewesen, mein Bruder wäre nicht gestorben; aber ich weiß auch, was du bittest von Gott, das wird dir Gott geben." Jesus sprach zu ihr: „Dein Bruder soll auferstehen." Martha sprach zu ihm: „Ich weiß wohl, daß er auferstehen wird in der Auferstehung am jüngsten Tag." Jesus sprach zu ihr: „Ich bin die Auferstehung und das Leben. Wer an mich glaubt, der wird leben, ob er gleich stürbe, und wer da lebt und glaubt an mich, der wird nimmermehr sterben. Glaubst du das?" Sie spricht zu ihm: „Herr, ja ich glaube, daß du bist Christus, der Sohn Gottes, der in die Welt gekommen ist.

3. Und da sie das gesagt hatte, ging sie hin, und rief ihre Schwester Maria heimlich, denn es waren viele Juden bei ihr, und sprach: „Der Meister ist da und ruft dich." Dieselbe, als sie das hörte, stand sie eilends auf und kam auch zu ihm. Die Juden aber, die bei ihr im Hause waren, um sie zu trösten, folgten ihr nach, denn sie meinten, sie ginge zum Grab, daß sie daselbst weine. Als nun Maria kam, da Jesus war, fiel sie zu seinen Füßen und sprach zu ihm: „Herr, wärest du hier gewesen, mein Bruder wäre nicht gestorben." Als Jesus sie weinen sah und die Juden auch weinen, die mit ihr kamen, da ward er selbst betrübt und sprach: „Wo habt ihr ihn hingelegt?" Sie sprachen zu ihm: „Herr komm und sieh es." Und die Augen gingen ihm über. Da sprachen die Juden: „Siehe, wie hat er ihn so lieb gehabt!" Etliche aber unter ihnen sprachen: „Konnte der, welcher dem Blinden die Augen aufgethan hat, nicht auch machen, daß dieser nicht gestorben wäre?"

4. Und Jesus kam zum Grabe. Es war aber eine Kluft und ein Stein darauf gelegt. Jesus sprach: „Hebet den Stein ab!" Martha wollte aber das nicht zugeben, weil der Todte schon vier Tage im Grab lag. Jesus aber sprach zu ihr:

„Habe ich dir nicht gesagt, so du glauben würdest, solltest du die Herrlichkeit Gottes sehen?" Da hoben sie den Stein ab. Jesus aber hob seine Augen empor und sprach: „Vater, ich danke dir, daß du mich erhört hast. Doch ich weiß, daß du mich allezeit hörest; aber um des Volkes willen, das umher steht, sage ich es, daß sie glauben, du habest mich gesandt." Da er das gesagt hatte, rief er mit lauter Stimme: „Lazarus, komm heraus." Und der Verstorbene kam heraus, gebunden mit Grabtüchern an Händen und Füßen, und sein Angesicht verhüllt mit einem Schweißtuch. Jesus spricht zu ihnen: „Löset ihn auf und laßt ihn gehen!" Viele nun der Juden, die zu Maria gekommen waren, und sahen, was Jesus that, glaubten an ihn. Etliche aber von ihnen gingen hin zu den Pharisäern und sagten ihnen, was Jesus gethan hatte. Da versammelten sich die Hohepriester und Pharisäer und von dem Tage an, rathschlagten sie, wie sie ihn tödteten.

2. Tim. 1, 10. Christus hat dem Tode die Macht genommen und hat das Leben und ein unvergängliches Wesen an das Licht gebracht, durch das Evangelium.

25.

Die Salbung in Bethanien.

(Matth. 26. Marc. 14. Joh. 12.)

1. Joh. 4, 19. Lasset uns ihn lieben, denn er hat uns zuerst geliebt.

Sechs Tage vor Ostern kam Jesus wieder nach Bethanien, und sie machten ihm daselbst ein Abendmahl in dem Hause Simons, des Aussätzigen. Martha diente, Lazarus aber saß mit zu Tische. Da nahm Maria ein Pfund Salbe von ungefälschter, köstlicher Narde und salbte die Füße Jesu und trocknete sie mit ihrem Haare; das Haus aber ward voll vom Geruch der Salbe. Da sprach seiner Jünger einer, Judas Ischarioth, der ihn hernach verrieth: „Warum ist diese Salbe nicht um dreihundert Groschen verkauft und das Geld den Armen gegeben worden?" Das sagte er aber nicht, weil er nach den Armen fragte, sondern er war ein Dieb und hatte die gemeinschaftliche Kasse zu verwalten. Da sprach Jesus: „Was bekümmert ihr das Weib? Sie hat ein gutes Werk an mir gethan. Arme habt ihr allezeit bei euch und wenn ihr wollt, könnt ihr ihnen Gutes thun, mich aber habt ihr nicht allezeit. Sie hat gethan, was sie konnte. Sie ist zuvorgekommen, meinen Leichnam zu salben zu meinem Begräbniß. Wahrlich, ich sage euch, wo dies Evangelium gepredigt wird in aller Welt, da wird man auch sagen zu ihrem Gedächtniß, was sie gethan hat.

Pf. 116, 12. Wie soll ich dem Herrn vergelten alle seine Wohlthat, die er an mir thut?

III. Jesu Leiden in der Welt.
Sein Tod und Begräbniß.

26.
Einzug Jesu in Jerusalem.

(Matth. 21. und Kap. 26. Marc. 11. Luc. 18. und Kap. 19. Joh. 12.)

Pf. 24, 7. Machet die Thore weit, und die Thüren in der Welt hoch, daß der König der Ehren einziehe.

1. Und Jesus nahm zu sich die Zwölfe und sprach zu ihnen: „Sehet, wir gehen hinauf gen Jerusalem und es wird alles vollendet werden, das geschrieben ist durch die Propheten von des Menschen Sohn. Denn er wird überantwortet werden den Heiden, und er wird verspottet und verschmäht, und verspeiet werden. Und sie werden ihn geißeln und tödten; und am dritten Tage wird er wieder auferstehen." Sie aber vernahmen der keines, und die Rede war ihnen verborgen, und wußten nicht, was das gesagt war.

2. Da sie nun nahe bei Jerusalem kamen gen Bethphage an den Oelberg, sandte Jesus seiner Jünger zwei und sprach zu ihnen: „Gehet hin in den Flecken Bethphage, der vor euch liegt, und bald werdet ihr eine Eselin finden angebunden und ein Füllen bei ihr; löset sie auf und führet sie

zu mir. Und so euch jemand wird etwas sagen, so sprechet: „Der Herr bedarf ihrer: sobald wird er sie euch lassen." Das geschah aber alles, auf daß erfüllt würde, was gesagt ist durch den Propheten, der da spricht: „Saget der Tochter Zion: Siehe, dein König kommt zu dir sanftmüthig und reitet auf einem Esel und auf einem Füllen der lastbaren Eselin." Die Jünger gingen hin, und thaten, wie Ihnen Jesus befohlen hatte; und brachten die Eselin und das Füllen und legten ihre Kleider darauf und setzten ihn darauf. Aber viel Volks breitete die Kleider auf den Weg. Die andern hieben Zweige von den Bäumen*) und streuten sie auf den Weg. Das Volk aber, das vorging und nachfolgte, schrie und sprach: „Hosianna dem Sohne Davids! Gelobt sei, der da kommt in dem Namen des Herrn! Hosianna in der Höhe!"

3. Und als er nahe hinzu kam, sah er die Stadt an und weinte über sie, und sprach: „Wenn du es wüßtest, so würdest du auch bedenken zu dieser deiner Zeit, was zu deinem Frieden dient. Aber nun ist es vor deinen Augen verborgen. Denn es wird die Zeit über dich kommen, daß deine Feinde werden um dich eine Wagenburg schlagen, dich belagern und an allen Orten ängsten; und werden dich schleifen und keinen Stein auf dem andern lassen, darum, daß du nicht erkannt hast die Zeit, darinnen du heimgesucht bist."

4. Und als er zu Jerusalem einzog, erregte sich die ganze Stadt und sprach: „Wer ist der?" Das Volk aber, das mit zog, sprach: „Das ist der Jesus, der Prophet von Nazareth aus Galiläa." Und Jesus ging in den Tempel und trieb heraus die Verkäufer und Käufer und stieß um der Wechsler Tische und die Stühle der Taubenkrämer. Und sprach zu ihnen: „Es steht geschrieben: Mein Haus soll ein Bethaus sein; ihr aber habt eine Mördergrube daraus gemacht."

Wie soll ich dich empfangen,
Und wie begegnen dir? —

---

*) Es waren Zweige von Palmbäumen, deshalb heißt der Sonntag, an welchem die Kirche den Einzug in Jerusalem feiert: **Palmsonntag**.

Dein Zion streut dir Palmen
Und grüne Zweige hin;
Und ich will dir in Psalmen
Ermuntern meinen Sinn.
Im Herzen soll mir grünen
Stets deines Namens Preis;
Dir will ich immer dienen,
So gut ich kann und weiß.

27.

Jesus straft die Pharisäer.

Zinsgroschen. Das vornehmste Gebot. Die Wittwe am Gotteskasten.

(Matth. 22 und 23. Marc. 12. Luc. 20 und 21.)

Röm. 8, 9. Wer Christi Geist nicht hat, der ist nicht sein.

1. In diesen Tagen vor seinem Tode strafte Jesus mit strengen Worten die Heuchelei und Scheinheiligkeit der Pharisäer und Schriftgelehrten: „Hütet euch," sprach er, „vor den Pharisäern und Schriftgelehrten, die da in langen Kleidern einhergehen, gerne oben sitzen in den Schulen und über Tisch bei den Gastmahlen. Sie haben es gern, daß sie gegrüßt werden auf dem Markte und von den Leuten „Meister" genannt werden. Aber ihr sollt euch nicht „Meister" nennen lassen, denn **Einer ist euer Meister, Christus; ihr aber seid alle Brüder.** Der größte unter euch soll euer Diener sein." — „Wehe euch," ruft er aus, „wehe euch Schriftgelehrten und Pharisäer, ihr Heuchler, die ihr der Wittwen Häuser fresset und dabei lange Gebete haltet. Ihr seid gleich den übertünchten Gräbern, welche auswendig hübsch scheinen, aber inwendig sind sie voll Todtenbeine. Von außen scheinet ihr vor den Menschen fromm, aber inwendig seid ihr voller Heuchelei und Untugend."

2. Da gingen die Pharisäer hin und hielten einen Rath, wie sie Jesus fingen in seiner Rede. Und sandten zu

ihm ihre Jünger sammt Herodis Dienern, **und sprachen:** „Meister, wir wissen, daß du wahrhaftig bist, und lehrest den Weg Gottes recht, und du fragest nach Niemand; denn du achtest nicht das Ansehen der Menschen. Darum sage uns, was dünket dich: Ist es recht, daß man **dem Kaiser Zins gebe, oder nicht?"** Da nun Jesus merkte ihre Schalkheit sprach er: „Ihr Heuchler, was versuchet ihr mich? Weiset mir die Zinsmünze." Und sie reichten ihm einen Groschen dar. Und er sprach: „Weß ist das Bild und die Ueberschrift?" Sie sprachen zu ihm: „Des Kaisers." Da sprach er zu ihnen: „**So gebet dem Kaiser, was des Kaisers ist, und Gott, was Gottes ist.**" Da sie das hörten, verwunderten sie sich, und ließen ihn, und gingen davon.

3. An demselben Tage versuchte ihn ein Schriftgelehrter und sprach: „Meister, welches ist das vornehmste Gebot im Gesetz?" Jesus antwortete und sprach zu ihm: „**Du sollst lieben Gott, deinen Herrn, von ganzem Herzen, von ganzer Seele, und von ganzem Gemüthe. Dies ist das vornehmste und größte Gebot. Das andere ist dem gleich: Du sollst deinen Nächsten lieben, als dich selbst. In diesen zwei Geboten hanget das ganze Gesetz und die Propheten.**"

4. Und da Jesus im Tempel war, setzte er sich dem Gotteskasten gegenüber und schaute, wie das Volk Geld einlegte in den Gotteskasten. Und viele Reichen legten viel ein. — Und es kam eine arme Wittwe und legte zwei Scherflein ein; die machen einen Heller. Und er rief seine Jünger zu sich und sprach zu ihnen: „Wahrlich, ich sage euch, diese arme Wittwe hat mehr in den Gotteskasten gelegt, denn alle, die eingelegt haben. Denn sie haben alle von ihrem Uebrigen eingelegt; diese aber hat von ihrer Armuth alles, was sie hat, ihre ganze Nahrung eingelegt.

1. Sam. 16, 7. Ein Mensch sieht, was vor Augen ist, der Herr aber sieht das Herz an.

Sei es arm und wenig,
Was dein Herz gethan:

Er, dein großer König
Blickt's in Gnaden an.
Der zur Wittwengabe
Mild sein Aug' gewandt,
Hat bei kleiner Gabe
Große Lieb' erkannt.

28.

Von der Zerstörung Jerusalems.

Vom jüngsten Gericht.

(Matth. 24 und 25. Marc. 13. Luc. 21.)

1. Joh. 2, 17. Die Welt vergeht mit ihrer Lust; wer aber den Willen Gottes thut, der bleibt in Ewigkeit.

1. Als Jesus aus dem Tempel ging, traten seine Jünger zu ihm und zeigten auf des Tempels Gebäude. Einer von ihnen sprach: „Meister, siehe, welche Steine und welch' ein Bau ist das!" Jesus antwortete: „Wahrlich, ich sage euch, es wird hier nicht ein Stein auf dem andern bleiben." Bei dieser Gelegenheit sagte er ihnen voraus, daß schreckliche Zeiten eintreten werden, daß auch sie viele Verfolgungen erleiden werden und das Evangelium allen Völkern gepredigt werden müßte, bevor der Tag des Weltgerichts erscheine, dessen Zeit und Stunde aber niemand wisse, außer dem Vater im Himmel. Von seiner Lehre aber bezeugt er:

Himmel und Erde werden vergehen, aber meine Worte werden nicht vergehen.

2. Ueber seine Wiederkunft zum Gericht lehrte er also: „Wenn des Menschen kommen wird in seiner Herrlichkeit, dann werden vor ihm alle Völker versammelt werden, und er wird sie von einander scheiden, wie ein Hirte die Schafe von den Böcken scheidet, und er wird die Schafe zu seiner Rechten stellen und die Böcke zur Linken. Dann wird der König sagen zu denen zu seiner Rechten: Kommt her, ihr Gesegneten meines Vaters, ererbet das Reich, das euch bereitet ist von Anbegin der

Welt. Denn ich bin hungrig gewesen, und ihr habt mich gespeist. Ich bin durstig gewesen, und ihr habt mich getränkt. Ich bin ein Gast gewesen, und ihr habt mich beherbergt. Ich bin nackt gewesen, und ihr habt mich bekleidet. Ich bin krank gewesen, und ihr habt mich besucht. Ich bin gefangen gewesen, und ihr seid zu mir gekommen. Dann werden ihm die Gerechten antworten und sagen: Herr, wann haben wir dich hungrig gesehen und haben dich gespeist? Oder durstig und haben dich getränkt? Wann haben wir dich als einen Gast gesehen nnd beherbergt? Oder nackt und haben dich bekleidet? Wann haben wir dich krank oder gefangen gesehen und sind zu dir gekommen? Und der König wird antworten: "W a h r l i c h , i c h s a g e e u c h : W a s i h r g e t h a n h a b t e i n e m u n t e r d i e s e n m e i n e n g e r i n g s t e n B r ü d e r n , d a s h a b t i h r m i r g e t h a n . Dann wird er auch sagen zu denen zur Linken: Gehet hin von mir, ihr Verfluchten, in das ewige Feuer, das bereitet ist dem Teufel und seinen Engeln: D e n n w a s i h r n i c h t g e t h a n h a b t e i n e m u n t e r d i e s e n g e r i n g s t e n , d a s h a b t i h r m i r a u c h n i c h t g e t h a n . Und sie werden in die ewige Pein gehen, aber die Gerechten in das ewige Leben."

2. Cor. 5, 10. Wir müssen alle offenbar werden vor dem Richterstuhl Christi, auf daß ein jeglicher empfange, nachdem er gehandelt hat bei Leibes Leben, es sei gut oder böse.

29.

Das Osterlamm.

Die Fußwaschung.

(Matth. 26. Marc. 14. Luc. 22. Joh. 13.)

Phil. 2, 5. Ein jeglicher sei gesinnt, wie Jesus Christus auch war.

1. Es versammelten sich aber die Hohenpriester und Schriftgelehrten, und die Aeltesten des Volkes im Palaste des Hohenpriesters Caiphas und hielten Rath, wie sie Jesus mit List griffen und tödteten. — Da ging hin der

Zwölfe einer, mit Namen Judas Jscharioth, und redete mit den Hohenpriestern und Hauptleuten und sprach: „Was wollt ihr mir geben? Ich will ihn euch verrathen!" Da sie das hörten, wurden sie froh. Und gaben ihm dreißig Silberlinge. Und von da an suchte er Gelegenheit, daß er ihn verrathe.

2. Am ersten Tag der süßen Brode (Donnerstag vor Ostern), da man das Osterlamm opferte, traten die Jünger zu Jesus und sprachen: „Wo willst du, daß wir das Osterlamm bereiten?" Und er sandte Petrus und Johannes nach Jerusalem und sprach zu ihnen: „Geht hin in die Stadt, und es wird euch ein Mensch begegnen; der trägt einen Krug mit Wasser; folgt ihm nach und wo er eingeht, da sprecht zu dem Hauswirth: Der Meister läßt dir sagen, meine Zeit ist hier, ich will bei dir Ostern halten mit meinen Jüngern. Und er wird euch einen großen Saal zeigen, in dem bereitet uns das Osterlamm." Und die Jünger thuten, wie ihnen Jesus befohlen hatte, und bereiteten das Osterlamm. Und am Abend setzte er sich zu Tisch mit den Zwölfen, und sprach: „Mich hat herzlich verlangt, dies Osterlamm mit euch zu essen, ehe denn ich leide."

3. Und Jesus stand auf, legte seine Kleider ab und umgürtete sich mit einem Schurz. Darnach goß er Wasser in ein Becken, und fing an, seinen Jüngern die Füße zu waschen, und trocknete sie mit dem Schurze ab. Als er nun zu Simon Petrus kam, sprach dieser: „Herr, solltest du mir meine Füße waschen?" Jesus antwortete ihm: „Werde ich dich nicht waschen, so hast du keinen Theil an mir." Da sprach Petrus: „Herr, nicht die Füße allein, sondern auch die Hände und das Haupt.

4. Da er nun ihre Füße gewaschen hatte, nahm er seine Kleider, setzte sich nieder und sprach zu ihnen: „Wisset ihr, was ich euch gethan habe? Ihr heißt mich Meister und Herr und sagt recht daran, denn ich bin es auch. So nun ich, euer Herr und Meister, euch die Füße gewaschen habe, so sollt ihr euch auch unter einander die Füße waschen. Ein Beispiel habe ich euch gegeben, daß ihr thut, wie ich euch gethan habe. Wahrlich, wahr-

lich, ich sage euch): „Der Knecht ist nicht größer denn sein Herr, und der Apostel nicht größer, denn der ihn gesandt hat. So ihr solches wisset, selig seid ihr, wenn ihr solches thut."

Joh. 13, 1. Wie er hat geliebt die Seinen, die in der Welt waren, so liebte er sie bis an's Ende.

1. Petr. 2, 21. Christus hat für uns gelitten und ein Vorbild gelassen, daß ihr sollt nachfolgen seinen Fußstapfen.

<blockquote>
Will sich die Eigenliebe zeigen,
Macht dein stolzer Sinn dir Pein:
Jesus kann dich gründlich beugen,
Führt dich in die Demuth ein.
</blockquote>

30.

Die Einsetzung des heiligen Abendmahls.

(Matth. 26. Marc. 14. Luc. 22. Joh. 13.)

Joh. 6, 35. Ich bin das Brod des Lebens.

1. Als sie nun miteinander das Passahmahl aßen, ward Jesus betrübt und sprach: „Wahrlich, ich sage euch, einer unter euch wird mich verrathen." Da sahen sich die Jünger untereinander an, wurden sehr betrübt und fragten, einer nach dem andern: „Herr, bin ich's?" Es war aber einer unter seinen Jüngern, der zu Tische saß an der Brust Jesu, welchen Jesus lieb hatte, dem winkte Simon Petrus, daß er forschen soll, wer es wäre. Derselbe sprach zu Jesus: „Herr, wer ist es?" Jesus antwortete: „Der mit mir in die Schüssel taucht, wird mich verrathen." Da fragte ihn Judas, der ihn verrieth: „Bin ich's, Rabbi?" Jesus sprach: „Du sagst es; was du thust, das thue bald." Da fuhr der Satan in Judas; er ging hinaus und es war Nacht.

2. Da aber Judas hinausgegangen war, sprach Jesus: „Liebe Kindlein, ich bin noch eine kleine Weile bei euch. Ein neu Gebot gebe ich euch, daß ihr euch untereinander liebt, wie ich euch geliebt habe. Dabei wird Jedermann erkennen, daß ihr meine

Jünger seid, so ihr Liebe untereinander habt.

3. Da sie aber aßen, nahm Jesus das Brod, dankte und brach's, gab es den Jüngern und sprach: „Nehmet hin, und esset, das ist mein Leib, der für euch gegeben wird; das thut zu meinem Gedächtniß." Desselben gleichen nahm er auch den Kelch nach dem Abendmahl, dankte und gab ihnen den und sprach: „Trinket alle daraus; das ist der Kelch, das neue Testament in meinem Blut, das für euch vergossen wird zur Vergebung der Sünden. Solches thut, so oft ihr's trinket, zu meinem Gedächtniß.

1. Cor. 11, 26. So oft ihr von diesem Brode esset und von diesem Kelch trinket, sollt ihr des Herrn Tod verkündigen, bis daß er kommt.

 Halt im Gedächtniß Jesum Christ!
 Er hat für dich gelitten,
 Und dir, da er gestorben ist,
 Am Kreuz das Heil erstritten.
 Errettung aus der Sündennoth
 Erwarb er dir durch seinen Tod.
 Dank' ihm für diese Liebe!
 Mein Heiland, den der Himmel preist,
 Dich will ich ewig loben!
 O stärke dazu meinen Geist
 Mit neuer Kraft von oben!
 Dein Abendmahl vermehr' in mir
 Des Glaubens Kraft, damit ich dir
 Mit neuer Treue diene.

31.
Jesus in Gethsemane.
(Matth. 26. Marc. 14. Luc. 22.)

Joh. 16, 33. In der Welt habt ihr Angst; doch seid getrost, ich habe die Welt überwunden.

1. Und da sie den Lobgesang (Psalm 115—118) gesprochen hatten, gingen sie hinaus an den Oelberg. Da

sprach Jesus zu seinen Jüngern: „In dieser Nacht werdet ihr euch alle an mir ärgern. Denn es steht geschrieben: ich werde den Hirten schlagen, und die Schafe der Herde werden sich zerstreuen." Petrus aber sprach: „Wenn sie auch alle sich an dir ärgerten, so will ich doch mich nimmermehr ärgern!" Jesus sprach zu ihm: „Wahrlich, ich sage dir, in dieser Nacht, ehe der Hahn kräht, wirst du mich dreimal verleugnen." Petrus aber sprach zu ihm: „Und wenn ich mit dir sterben müßte, so will ich dich doch nicht verleugnen." Desgleichen sagten auch alle Jünger.

2. Da kam Jesus mit ihnen zu einem Hofe, der hieß **Gethsemane**; da war ein Garten; dahinein ging Jesus und seine Jünger. Und er sprach zu ihnen: „Setzet euch hier, bis ich dorthin gehe und bete." Und er nahm zu sich Petrus, Jakobus und Johannes und fing an zu trauern und zu zagen. Da sprach Jesus zu ihnen: „Meine Seele ist betrübt bis in den Tod; bleibt hier und wachet mit mir." Er selbst ging eine Strecke weiter, kniete nieder, fiel auf sein Angesicht und betete: „**Mein Vater, ist es möglich, so gehe dieser Kelch von mir; doch nicht wie ich will, sondern wie du willst.**" Und als er zu seinen Jüngern kam, fand er sie schlafend und sprach zu Petrus: „Simon, schläfst du? Könnt ihr denn nicht **eine Stunde mit mir wachen? Wachet und betet, daß ihr nicht in Anfechtung fallet; der Geist ist willig, aber das Fleisch ist schwach.**" Zum andernmal ging er wieder hin, betete und sprach: „**Mein Vater, ist es nicht möglich, daß dieser Kelch von mir gehe, ich trinke ihn denn, so geschehe dein Wille.**" Und er kam und fand die Jünger abermals schlafend. Und er ließ sie und ging abermal hin und betete zum dritten male und redete dieselbigen Worte. Es erschien ihm aber ein Engel vom Himmel und stärkte ihn. Und es kam, daß er mit dem Tode rang und betete heftiger. Es ward aber sein Schweiß wie Blutstropfen, die fielen auf die Erde. Und er stand auf vom Gebet und kam zu seinen Jüngern und sprach zu ihnen: „Ach, wollt ihr nun schlafen und ruhen? Siehe, die Stunde ist hier, daß des Menschen Sohn in der Sünder Hände überantwortet wird. Stehet

auf, lasset uns gehen. Siehe, er ist da, der mich ver=
räth!"

Offenb. 2, 10. Sei getreu bis an den Tod, so will ich dir die Krone des Lebens geben.

Wenn ich von aller Welt verlassen
Und traurig bin in schwerer Zeit,
So laß mich dies in's Auge fassen
In meiner Seeleneinsamkeit:
Was immer unserm Herzen fehle,
Du weißt und kennest alles Weh,
Du sprichst zu der betrübten Seele:
Gedenke an Gethsemane.

32.

Die Gefangennahme Jesu.
(Matth. 26. Marc. 14. Luc. 22. Joh. 18.)

Matth. 11, 6. Selig ist, der sich nicht an mir ärgert.

1. Und als er noch redete, siehe, da kam **Judas** und mit ihm eine große Schaar und der Hohepriester und Pharisäer Diener mit Fackeln, mit Schwertern und mit Stangen. Da nun Jesus alles wußte, was ihm begegnen sollte, ging er hinaus und sprach zu ihnen: „**Wen suchet ihr?**" Sie antworteten: „Jesum von Nazareth." Jesus spricht zu ihnen: „**Ich bin's!**" Da wichen sie zurück und fielen zu Boden. Da fragte er sie abermals: „**Wen suchet ihr?**" Sie sprachen: „Jesum von Nazareth." Jesus antwortete: „**Ich habe es euch gesagt, daß ich es sei; suchet ihr denn mich, so lasset diese gehen.**" Aber der Verräther hatte ihnen ein Zeichen gegeben und gesagt: „Welchen ich küssen werde, der ist es, den greifet." Und er trat zu Jesu und sprach: „Gegrüßet seist du, Rabbi!" und küßte ihn. Jesus aber sprach zu ihm: „**Mein Freund, warum bist du gekommen? Judas, verräthst du des Menschen Sohn mit einem Kuß?**" Da traten sie hinzu, legten die Hände an Jesus und griffen ihn.

2. Als aber die Jünger sahen, was da werden sollte, sprachen sie: „Herr, sollen wir mit dem Schwert drein schla=

gen?" Und Simon Petrus zog sein Schwert und schlug nach des Hohenpriesters Knecht und hieb ihm sein rechtes Ohr ab. Und der Knecht hieß Malchus. Jesus aber sprach zu Petrus: „Stecke dein Schwert in die Scheide. Soll ich den Kelch nicht trinken, den mir mein Vater gegeben hat? — Es muß also gehen." Und er rührte das Ohr des Knechtes an und heilte ihn. Zu der Schaar aber sprach Jesus: „Ihr seid ausgezogen wie zu einem Mörder, mit Schwertern und mit Stangen, mich zu fangen. Bin ich doch täglich bei euch gesessen und habe gelehrt im Tempel und ihr habt mich nicht ergriffen; aber dies ist eure Stunde und die Macht der Finsterniß."

Da verließen ihn alle Jünger und flohen.

Joh. 3, 20. 21. Wer Arges thut, der hasset das Licht, und kommt nicht an das Licht auf daß seine Werke nicht gestraft werden. Wer aber die Wahrheit thut, der kommt an das Licht, daß seine Werke offenbar werden; denn sie sind in Gott gethan.

33.

Jesus vor den Hohenpriestern.

(Matth. 26. Marc. 14. Luc. 22. Joh. 18.)

1. Petr. 2. 23. Christus schalt nicht wieder, da er gescholten ward, drohte nicht, da er litt; er stellte es aber dem heim, der da recht richtet.

1. Sie nahmen aber Jesus und banden ihn, und führten ihn auf's Erste zu Hannas, der war Kaiphas Schwäher, welcher des Jahres Hoherpriester war. Und der Hohepriester fragte Jesus um seine Jünger und um seine Lehre. Jesus antwortete: „Ich habe frei öffentlich gelehret in der Schule und in dem Tempel, da alle Juden zusammen kommen, und habe nichts im Verborgenen geredet. Was fragst du mich darum? Frage die darum, die gehört haben, was ich zu ihnen geredet habe. Siehe, dieselbigen wissen, was ich gesagt habe." Da er aber solches redete, gab der Diener einer, die dabei standen, Jesu einen Backenstreich und sprach: „Sollst du dem Hohenpriester also antworten?" Jesus ant=

wortete: „Habe ich übel geredet, so beweise es, daß es böse sei; habe ich aber recht geredet, was schlägst du mich?"

2. Und Hannas sandte Jesum gebunden zu dem Hohenpriester **Kaiphas**, dahin zusammen gekommen waren alle Hohenpriester und Aeltesten und Schriftgelehrten. Und sie **suchten falsch Zeugniß** wider Jesum, auf daß sie ihn zum Tode brächten, und fanden keins. Und wiewohl viele **falsche** Zeugen herzutraten, fanden sie doch keins. Denn ihre Zeugnisse stimmten nicht überein. Da stand der Hohepriester auf, und sprach zu ihm: „Antwortest du nichts zu dem, was diese wider dich zeugen?" Aber Jesus schwieg stille. Da fragte ihn der Hohepriester abermal und sprach zu ihm: „Ich **beschwöre** dich bei dem lebendigen Gott, daß du uns sagest, ob du seist Christus, der Sohn Gottes." Jesus sprach: „**Du sagest es, ich bin's.** Doch sage ich euch: Von nun an wird es geschehen, daß ihr sehen werdet des Menschen Sohn sitzen zur Rechten der Kraft und kommen in den Wolken des Himmels." Da zerriß der Hohepriester seine Kleider und sprach: „Er hat Gott gelästert! Was bedürfen wir weiter Zeugniß? „Siehe, jetzt habt ihr seine Gotteslästerung gehört. Was dünket euch?" Sie antworteten und sprachen: „**Er ist des Todes schuldig!**" Da spieen sie aus in sein Angesicht, und schlugen ihn mit Fäusten. Etliche aber verdeckten ihn und schlugen ihn in's Angesicht und sprachen: „Weissage uns, Christe, wer ist's, der dich schlug?" Und viele andere Lästerungen sagten sie wider ihn.

Hebr. 12, 3. Gedenket an den, der ein solches Widersprechen von den Sündern wider sich erduldet hat, daß ihr nicht in eurem Muth matt werdet und ablasset.

34.
Petri Verleugnung.
Juda's Ende.
(Matth. 26. 27. Marc. 14. 15. Luc. 22. Joh. 18.)

1. Cor. 10, 12. Wer sich läßt dünken, er stehe, mag wohl zusehen, daß er nicht falle.

1. Petrus aber war Jesu von ferne nachgefolgt bis in den Palast des Hohenpriesters, um zu sehen, wo es hinaus

wollte. Und er faß draußen im Palast bei den Knechten und wärmte sich am Kohlenfeuer, denn es war kalt. Die Magd aber des Hohenpriesters, die Thürhüterin, sah Petrus bei dem Licht und sprach: „Bist du nicht auch dieses Menschen Jünger einer?" **Er leugnete aber vor allen und sprach: „Ich bin es nicht."** Und er ging hinaus in den Vorhof und der Hahn krähte. Als er aber zur Thür hinaus ging, sah ihn eine andere Magd und sprach zu denen die da waren: „Du warst auch mit dem Jesus von Nazareth." **Und er leugnete abermal und schwur dazu: „Ich kenne den Menschen nicht."** Und über eine kleine Weile bekräftigte es einer von denen, die da standen und sprach: „Wahrlich, du bist auch einer von denen; denn du bist ein Galiläer, und deine Sprache verräth dich." Spricht des Hohenpriesters Knechte einer, ein Gefreundter deß, dem Petrus das Ohr abgehauen hatte: „Sah ich dich nicht im Garten bei ihm?" Da fing er an, sich zu verfluchen und zu schwören: **„Ich kenne den Menschen nicht, von dem ihr saget."** Und alsbald, da er redete, **krähete der Hahn zum andern Mal. Und der Herr wandte sich und sah Petrus an.** Da gedachte Petrus an das Wort Jesu, als er zu ihm gesagt hatte: „Ehe der Hahn zweimal krähet, wirst du mich dreimal verleugnen." Und ging hinaus und weinte bitterlich.

2. Früh Morgens aber hielten die Hohepriester und Aeltesten des Volks abermals einen Rath über Jesus, ihn zu tödten. Und sie banden ihn, führten ihn hin und überantworteten ihn dem römischen Landpfleger P o n t i u s P i l a t u s.

Da Judas sah, daß Jesus zum Tode verdammt war, gereute es ihn. Und er brachte die dreißig Silberlinge den Hohenpriestern und Aeltesten wieder und sprach: „Ich habe übel gethan, daß ich unschuldig Blut verrathen habe." Sie sprachen: „Was geht das uns an? Da siehe du zu!" Und er warf die Silberlinge in den Tempel, ging hin und erhängte sich selbst. Aber die Hohenpriester nahmen die Silberlinge und sprachen: „Es schickt sich nicht, daß wir sie in den Gotteskasten legen, denn es ist Blutgeld." Sie hielten aber einen Rath und kauften einen Töpfersacker dafür zum

Begräbniß der Pilger. Dieser Acker wurde von da an der Blutacker genannt.

2. Cor. 7, 10. Die göttliche Traurigkeit wirkt zur Seligkeit eine Reue, die niemand gereut; die Traurigkeit aber der Welt wirkt den Tod.

1. Sam. 1, 9. Die Gottlosen müssen zu nichte werden in Finsterniß.

35.

Jesus vor Pilatus und Herodes.

(Matth. 27. Marc. 15. Luc. 23. Joh. 18, 19.)

1. Petr. 2, 21. Christus hat für uns gelitten, und uns ein Vorbild gelassen, daß ihr sollt nachfolgen seinen Fußstapfen.

1. Die Juden, welche Jesus zu dem Landpfleger Pontius Pilatus geführt hatten, gingen nicht in das Richthaus, auf daß sie nicht unrein würden, sondern das Osterlamm essen möchten. Da ging Pilatus zu ihnen heraus und sprach: „Was bringt ihr für eine Klage wider diesen Menschen?" Die Hohenpriester fingen an, ihn zu verklagen und sprachen: „Er wendet das Volk ab und verbietet, die Steuer dem Kaiser zu geben und sagt, er sei Christus, ein König." Da ging Pilatus wieder hinein in das Richthaus, rief Jesus und fragte ihn: „Bist du der Juden König?" Jesus antwortete: „Mein Reich ist nicht von dieser Welt! Wäre mein Reich von dieser Welt, meine Diener würden dafür kämpfen, daß ich den Juden nicht überantwortet würde." Da sprach Pilatus zu ihm: „So bist du dennoch ein König?" Jesus antwortete: „Allerdings, ich bin ein König. Ich bin dazu geboren und in die Welt gekommen, daß ich die Wahrheit zeugen soll. Wer aus der Wahrheit ist, der höret meine Stimme." Spricht Pilatus zu ihm: „Was ist Wahrheit?" Und da er das gesagt, ging Pilatus wieder hinaus zu den Juden und sprach zu ihnen: „Ich finde keine Schuld an ihm." Sie aber hielten an und sprachen: „Er hat das Volk erregt damit, daß er gelehrt hat hin und her im ganzen jüdischen Lande von Galiläa an bis hieher."

2. Da nun Pilatus von Galiläa hörte, fragte er, ob Jesus von Galiläa wäre. Und als er vernahm, daß er unter Herodes Obrigkeit gehörte, übersandte er ihn an Herodes, der wegen des Osterfestes damals auch in Jerusalem war. Da aber Herodes Jesum sah, ward er sehr froh, denn er hätte ihn längst gerne gesehen. Er hatte nämlich viel von ihm gehört und hoffte, er würde ein Zeichen von ihm sehen. Und er fragte ihn mancherlei; aber Jesus antwortete ihm nichts. Und Herodes mit seinem Hofgesinde verachtete und verspottete ihn, ließ ihm ein weißes Kleid anlegen und sandte ihn wieder zu Pilatus. Auf den Tag wurden Pilatus und Herodes Freunde mit einander, denn zuvor waren sie einander feind.

3. Auf das Fest aber mußte der Landpfleger, nach Gewohnheit, dem Volke einen Gefangenen losgeben, welchen sie begehrten. Er hatte aber zu der Zeit einen Gefangenen, der hieß **Barrabas**, welcher bei einem Aufruhr, der in der Stadt geschah, einen Mord begangen hatte. Und Pilatus fragte das Volk, das vor dem Richthaus versammelt war: „**Welchen wollt ihr, daß ich euch losgebe? Barrabas oder Jesus, von dem gesagt wird, er sei Christus?**" Denn er wußte, daß ihn die Hohenpriester aus Neid überantwortet hatten. Aber die Hohenpriester und die Aeltesten überredeten und reizten das Volk, daß sie um Barrabas bitten sollten und Jesus umbrächten. Da schrie der ganze Haufe und sprach: **Hinweg mit Diesem, und gib uns Barrabas los!** Pilatus aber wollte Jesus loslassen; darum sprach er zu ihnen: „Was soll ich denn mit Jesus machen?" Sie schrieen: „**Kreuzige, kreuzige ihn!**" Er aber sprach zum drittenmal zu ihnen: „Was hat er denn Uebels gethan? Ich finde keine Ursache des Todes an ihm; darum will ich ihn züchtigen und loslassen." Aber sie schrieen noch vielmehr und sprachen: „Kreuzige ihn!" — Da nahm Pilatus Jesum und ließ ihn durch seine Kriegsknechte geißeln. Sie legten ihm einen Purpurmantel an, flochten eine Krone von Dornen und setzten sie auf sein Haupt; gaben ihm ein Rohr in seine rechte Hand, beugten die Kniee vor ihm, verspotteten ihn und sprachen: „Gegrüßet seist du, der Juden König!" Darauf spieen sie ihn an,

schlugen sein Haupt mit dem Rohr und gaben ihm Backenstreiche.

4. Im Purpurmantel und mit der Dornenkrone auf dem Haupte führten sie Jesus heraus vor das Volk und Pilatus sprach zu ihnen: „Sehet, welch ein Mensch!" Da ihn aber die Hohenpriester und das Volk sahen, schrieen sie und sprachen: „Kreuzige, kreuzige ihn!" Zugleich riefen sie: „Lässest du diesen los, so bist du des Kaisers Freund nicht! Denn wer sich zum König macht, der ist wider den Kaiser." Da Pilatus das hörte und sah, daß er nichts ausrichtete, sondern das Getümmel immer größer wurde, nahm er Wasser, wusch die Hände vor dem Volk und sprach: „Ich bin unschuldig an dem Blute dieses Gerechten; sehet ihr zu!" Da antwortete das ganze Volk und sprach: „Sein Blut komme über uns und unsere Kinder!" Da gab er ihnen Barrabas los; Jesus aber übergab er ihrem Willen, daß er gekreuzigt würde.

Jes. 53, 7. Da er gestraft und gemartert ward, that er seinen Mund nicht auf wie ein Lamm, das zur Schlachtbank geführt wird, und wie ein Schaf, das verstummt vor seinem Scherer und seinen Mund nicht aufthut.

O Haupt, voll Blut und Wunden,
Voll Schmerz und voller Hohn!
O Haupt, zum Spott umwunden
Mit einer Dornenkron!
O Haupt, sonst hoch verehret,
Deß höchste Ehr und Zier
Jetzt ganz in Schmach sich kehret:
Gegrüßet seist du mir!

36.

Jesus am Kreuz auf Golgatha.

(Matth. 27. Marc. 15. Luc. 23. Joh. 19.)

Joh. 15, 13. Niemand hat größere Liebe, denn die, daß er sein Leben läßt für seine Freunde.

1. Da nahmen die Kriegsknechte Jesus, zogen ihm den Purpurmantel aus und zogen ihm seine Kleider wieder an,

und führten ihn hin, daß sie ihn kreuzigten. Und er trug sein Kreuz. Als ihnen aber unterwegs ein Mann namens Simon von Kyrene begegnete, der vom Felde kam, legten sie diesem das Kreuz auf, daß er es Jesus nachtrüge.

2. Es folgten ihm aber nach ein großer Haufen Volks und Weiber, die klagten und beweinten ihn. Jesus aber wandte sich um zu ihnen und sprach: „Ihr Töchter von Jerusalem, weinet nicht über mich, sondern weinet über euch selbst und eure Kinder. Denn siehe, es wird die Zeit kommen, in welcher man sagen wird zu den Bergen: „Fallet über uns!" und zu den Hügeln: „Decket uns! Denn so man das thut am grünen Holz, was will am dürren werden?" Es wurden auch hingeführt zwei Uebelthäter, daß sie mit ihm gekreuzigt würden.

3. Und als sie kamen an die Stätte, die da heißt Golgatha, das ist Schädelstätte, gaben sie ihm Essig zu trinken, mit Galle vermischt; und da er es schmeckte, wollte er nicht trinken. Und sie kreuzigten ihn daselbst, um die dritte Stunde (Morgens 9 Uhr*) und die Uebelthäter mit ihm einen zur Rechten und einen zur Linken. Jesus aber sprach: „**Vater, vergib ihnen, denn sie wissen nicht, was sie thun!**" Pilatus aber schrieb eine Ueberschrift, und sie hefteten sie oben über sein Haupt und war geschrieben: „Jesus von Nazareth, König der Juden." Da sprachen die Hohenpriester zu Pilatus: „Schreibe nicht der Juden König, sondern daß er gesagt habe: Ich bin der Juden König." Pilatus antwortete: „Was ich geschrieben habe, das habe ich geschrieben."**)

4. Da die Kriegsknechte Jesus gekreuzigt hatten, nahmen sie seine Kleider und machten vier Theile, einem jeglichen Kriegsknecht einen Theil, dazu auch den Rock. Der Rock aber war ungenäht. Da sprachen sie untereinander: „Laßt uns den nicht zertheilen, sondern darum loosen, weß er sein soll." Und sie saßen allda und hüteten sein. — Das Volk aber stand da und sah zu. Und die vorübergingen, lästerten

---

*) Die Juden rechneten den Tag von Morgens 6 Uhr bis Abends 6 Uhr. Die erste Stunde war demnach 7 Uhr, die 3. Stunde = 9 Uhr und die 6. Stunde = 12 Uhr u. s. w.

**) Die lateinischen Anfangsbuchstaben dieser Ueberschrift waren: J.N.R.J. = Jesus Nazarenus Rex Judaeorum, d. i. Jesus von Nazareth, König der Juden.

ihn und sprachen: "Hilf dir nun selber; bist du Gottes Sohn, so steig herab vom Kreuz!" Auch die Hohenpriester und Schriftgelehrten und Aeltesten spotteten sein und sprachen: "Andern hat er geholfen und kann sich selber nicht helfen." Auch einer der Uebelthäter lästerte ihn und sprach: "Bist du Christus, so hilf dir selbst und uns!" Da strafte ihn der andere und sprach: "Und du fürchtest dich auch nicht vor Gott, der du doch in gleicher Verdammniß bist? Und zwar, wir sind billig darin, denn wir empfangen, was unsere Thaten werth sind; dieser aber hat nichts Unrechtes gethan!" Und zu Jesus sprach er: "Herr, gedenke an mich, wenn du in dein Reich kommst!" Und Jesus sprach zu ihm: "**Wahrlich, ich sage dir, heute wirst du mit mir im Paradiese sein.**"

5. Es standen aber bei dem Kreuze Jesu Mutter, und die Schwester seiner Mutter, Maria, Kleophas' Weib, und Maria Magdalena. Da nun Jesus seine Mutter sah und den Jünger dabei stehen, den er lieb hatte, sprach er zu seiner Mutter: "**Siehe, das ist dein Sohn!**" und zu dem Jünger sprach er: "**Siehe, das ist deine Mutter!**" Und von der Stunde an nahm sie der Jünger zu sich.

6. Und um die sechste Stunde (12 Uhr Mittags) ward eine Finsterniß über das ganze Land bis zur neunten Stunde (3 Uhr Nachmittags), und die Sonne verlor ihren Schein. Und um die neunte Stunde rief Jesus laut: "**Mein Gott, mein Gott, warum hast du mich verlassen?**" Darnach, als nun Jesus wußte, daß alles vollbracht war, spricht er: "**Mich dürstet!**" Es stand aber ein Gefäß da voll Essig; und bald lief einer unter ihnen hin, nahm einen Schwamm und füllte ihn mit Essig, und streckte ihn auf ein Rohr und hielt's ihm dar zum Munde und tränkte ihn. Da nun Jesus den Essig genommen hatte, sprach er: "**Es ist vollbracht.**" Und abermal rief er laut: "**Vater, ich befehle meinen Geist in deine Hände.**" Und als er das gesagt hatte, neigte er das Haupt und verschied.

7. Und siehe da, der Vorhang im Tempel zerriß in zwei Stücke, von oben bis unten aus. Und die Erde erbebte, und die Felsen zerrissen, und die Gräber thaten sich auf und standen auf viele Leiber der Heiligen, die da schliefen.

Aber der Hauptmann, und die bei ihm waren und bewahrten Jesus, da sie sahen, was da geschah, erschraken sie sehr; und der Hauptmann sprach: „Wahrlich, dieser ist ein frommer Mensch und Gottes Sohn gewesen." Und alles Volk, das dabei war und zusah, da sie sahen, was da geschah, schlugen sie an ihre Brust und wandten wieder um.

2. Cor. 5, 15. Christus ist darum für alle gestorben, auf daß die, so da leben, hinfort nicht ihnen selbst leben, sondern dem, der für sie gestorben und auferstanden ist.

>Wann ich einmal soll scheiden,
>So scheide nicht von mir.
>Wann ich den Tod soll leiden,
>So tritt du dann herfür.
>Wann mir am allerbängsten
>Wird um das Herze sein,
>So reiß mich aus den Aengsten
>Kraft deiner Angst und Pein.

37.

Das Begräbniß Jesu.

(Matth. 27. Marc. 15. Luc. 23. Joh. 19.)

Jes. 58, 8. Er ist aber aus der Angst und dem Gericht genommen.

1. Die Juden aber, daß nicht die Leichnahme am Kreuze blieben den Oster-Sabbath über, baten sie Pilatus, daß ihre Beine gebrochen und sie abgenommen würden. Da kamen die Kriegsknechte und brachen den beiden Uebelthätern die Beine. Als sie aber zu Jesus kamen, da sie sahen, daß er schon gestorben war, brachen sie ihm die Beine nicht, sondern der Kriegsknechte einer öffnete seine Seite mit einem Speer, und alsbald ging Blut und Wasser heraus.

2. Und am Abend kam Joseph von Arimathia, ein Rathsherr, ein guter, frommer Mann, welcher nicht hatte gewilligt in den Rath und Handel und auch auf das Reich Gottes wartete, der ging zu Pilatus und bat um den Leib Jesu. Pilatus aber verwunderte sich, daß er schon todt war,

und rief den Hauptmann und fragte ihn, ob er längst gestorben wäre. Und als er's erkundigt hatte von dem Hauptmann, gab er Joseph den Leichnam. Und er kaufte eine Leinwand und nahm ihn ab. Es kam aber auch Nikodemus, der vormals bei der Nacht zu Jesus gekommen war, und brachte Myrrhen und Aloe unter einander bei hundert Pfund. Sie nahmen den Leichnahm Jesu und banden ihn in leinene Tücher mit Spezereien, wie die Juden pflegten zu begraben. Es war aber an der Stätte, da er gekreuzigt ward, ein Garten, und im Garten ein neues Grab, welches Joseph hatte lassen in einen Fels hauen, in welches Niemand je gelegt war. Daselbst hin legten sie Jesus, weil das Grab nahe war. Und sie wälzten einen großen Stein vor die Thür des Grabes und gingen davon.

3. Des andern Tages kamen die Hohenpriester und Pharisäer sämmtlich zu Pilatus und sprachen: „Wir haben gedacht, daß dieser Verführer sprach, da er noch lebte: Ich will nach drei Tagen auferstehen. Darum befiehl, daß man das Grab bewahre bis an den dritten Tag, auf daß nicht seine Jünger kommen und stehlen ihn und sagen zum Volk: Er ist auferstanden von den Todten; und werde der letzte Betrug ärger, denn der erste!" Pilatus sprach zu ihnen: „Da habt ihr die Hüter, geht hin und verwahrt das Grab, wie ihr könnt." Sie gingen hin und verwahrten das Grab mit Hütern und versiegelten den Stein.

Röm. 6. 23. Der Tod ist der Sünde Sold; aber die Gabe Gottes ist das ewige Leben in Christo Jesu, unserm Herrn.

Nun gingst auch du zur Sabbathsruh
In's stille Grab hinüber.
All dein Arbeit ist gethan,
All dein Leid vorüber.

Wie selig ruh'n die Todten nun,
Die in dem Herrn verschieden!
All ihr Werk folgt ihnen nach;
Ja, sie ruh'n im Frieden.

IV. Wiederum verläßt Jesus die Welt und geht zum Vater.

38.
Die Auferstehung Jesu.
(Matth. 28. Marc. 16. Luc. 24. Joh. 20.)

1. Cor. 15, 55. Der Tod ist verschlungen in den Sieg. Tod, wo ist dein Stachel? Hölle, wo ist dein Sieg?

1. Da aber der Sabbath vergangen war, kauften Maria Magdalena, und Maria, Jakobus Mutter, und Salome Spezerei, um den Leichnam Jesu zu salben. Und sie gingen zum Grabe am ersten Tag der Woche, sehr frühe, da die Sonne aufging. Und sie sprachen unter einander: „Wer wälzt uns den Stein von des Grabes Thür?" — Und siehe, es geschah ein großes Erdbeben. Denn der Engel des Herrn kam vom Himmel herab, trat hinzu und wälzte den Stein von des Grabes Thür und setzte sich darauf. Und seine Gestalt war wie der Blitz, und sein Kleid weiß wie der Schnee. Die Hüter aber erschraken vor Furcht und wurden, als wären sie todt.

2. Und da die Weiber hinsahen, wurden sie gewahr, daß der Stein abgewälzt war. Da lief Maria Magdalena zurück und kam zu Petrus und Johannes und verkündigte ihnen: „Sie haben den Herrn weggenommen aus dem Grabe und wir wissen nicht, wo sie ihn hingelegt haben." Die andern Weiber gingen in das Grab hinein und fanden den Leib Jesu nicht. Und als sie darum bekümmert waren, da traten zu ihnen zwei Männer in glänzenden Kleidern, die sprachen zu ihnen: „Was sucht ihr den Lebendigen bei den Todten? Er ist nicht hier, er ist auferstanden, wie er gesagt hat. Gehet hin und sagt es seinen Jüngern." Und sie gingen eilends zum Grabe hinaus mit Furcht und großer Freude und liefen, daß sie es den Jüngern Jesu verkündigten.

3. Unterdessen kamen Petrus und Johannes zum Grabe und sahen darin die Leintücher, in welche der Leichnam

Jesu gehüllt gewesen war, und das Schweißtuch des Hauptes beiseits eingewickelt an einem besonderen Ort, ihn selbst aber fanden sie **nicht**. Sie gingen bald wieder in die Stadt zurück.

Maria Magdalena aber stand vor dem Grabe und weinte draußen. Als sie nun in das Grab hineinblickte, sah sie zwei Engel darin in weißen Kleidern, die sprachen zu ihr: „Weib, was weinest du?" Sie antwortete ihnen: „Sie haben meinen Herrn weggenommen, und ich weiß nicht, wo sie ihn hingelegt haben." Indem sie das sagte, wandte sie sich zurück und sah Jesus stehen, ohne zu wissen, daß er es sei. Jesus sprach zu ihr: „Weib, was weinest du? Wen suchest du?" Sie meinte, es sei der Gärtner, und antwortete ihm: „Herr, hast du ihn weggetragen, so sage mir, wo hast du ihn hingelegt? so will ich ihn holen." Jesus sprach zu ihr: „Maria!" Da erkannte sie ihn, rief aus: „Rabbuni!" und fiel ihm zu Füßen. Jesus sagte zu ihr: „Rühre mich nicht an, denn ich bin noch nicht aufgefahren zu meinem Vater. Gehe aber hin zu meinen Brüdern und sage ihnen: „Ich fahre auf zu meinem Vater und zu eurem Vater, zu meinem Gott und zu eurem Gott."

Maria Magdalena kommt und verkündigt den Jüngern: „Ich habe den Herrn gesehen, und solches hat er zu mir gesagt." Sie glaubten ihr aber nicht. — Darnach ist Jesus auch an demselben Tage von Kephas (Simon Petrus) gesehen worden.

1. Petr. 1, 3 und 4. Gelobt sei Gott und der Vater unseres Herrn Jesu Christi, der uns nach seiner großen Barmherzigkeit wiedergeboren hat zu einer lebendigen Hoffnung, durch die Auferstehung Jesu Christi von den Todten zu einem unvergänglichen und unbefleckten und unverwelklichen Erbe, das behalten wird im Himmel.

Jesus lebt, mit ihm auch ich!
Tod, wo sind nun deine Schrecken?
Jesus lebt, er wird auch mich
Von den Todten auferwecken.
Er verklärt mich in sein Licht;
Dies ist meine Zuversicht.

*   *   *

Es hilft dir nichts, daß Christus auferstanden,
Wenn du noch liegen bleibst in Todesbanden.

39.
Der Gang nach Emaus.
(Luc. 24, 13—35.)

Joh. 16, 20. Eure Traurigkeit soll in Freude verwandelt werden.

1. Und siehe, an demselben Tage gingen zwei von den Jüngern nach Emaus, einem Flecken, nahe bei Jerusalem. Und sie redeten mit einander von allen diesen Geschichten. Und es geschah, da sie so redeten, nahte Jesus zu ihnen und wandelte mit ihnen; sie erkannten ihn aber nicht. Jesus sprach zu ihnen: „Was sind das für Reden, die ihr miteinander habt unterwegs, und warum seid ihr so traurig?" Da antwortete einer mit Namen **Kleophas** und sprach zu ihm: „Bist du allein unter den Fremdlingen zu Jerusalem, der nicht weiß, was in diesen Tagen darin geschehen ist?" Er sprach: „Was denn?" Sie aber sprachen zu ihm: „Das von Jesus von Nazareth, welcher war ein Prophet, mächtig von Thaten und Worten, vor Gott und allem Volk; wie ihn unsere Hohenpriester und Obersten zum Tode verurtheilt und gekreuzigt haben. Wir aber hofften, er sollte Israel erlösen. Und es ist heute der dritte Tag, daß solches geschehen ist. Auch haben uns etliche Frauen erschreckt, die sind heute frühe beim Grabe gewesen, haben seinen Leib nicht gefunden, kommen und sagen, sie haben eine Erscheinung von Engeln gehabt, welche sagen, er lebe. Und etliche unter uns gingen hin zum Grabe und fanden es also, wie die Weiber sagten; aber ihn fanden sie nicht."

2. Da sprach Jesus zu ihnen: „O ihr Thoren! Wie schwer wird's euch, zu glauben, was die Propheten geredet haben! **Mußte nicht Christus solches leiden und zu seiner Herrlichkeit eingehen?"** Hierauf fing er an von Moses und allen Propheten und legte ihnen alle Schriften aus, die von ihm redeten. Als sie nahe zum Flecken kamen, stellte er sich, als wollte er weiter gehen, aber sie sprachen zu ihm: „Bleibe bei uns, denn es will Abend werden und der Tag hat sich geneigt." Da blieb er bei ihnen; und als er mit ihnen zu Tische saß, nahm er das Brod, dankte, brach's und gab es ihnen. Da wurden ihre

Augen geöffnet und sie erkannten ihn. Er aber verschwand vor ihnen. Da sprachen sie unter einander: „Brannte nicht unser Herz in uns, da er mit uns redete auf dem Wege und uns die Schrift öffnete?" Und sie standen auf und gingen wieder nach Jerusalem und fanden die Elfe versammelt; die riefen ihnen entgegen: „Der Herr ist wahrhaftig auferstanden und Simon erschienen." Die zwei Jünger aber erzählten, was auf dem Wege geschehen war und wie sie ihn erkannt haben, da er das Brod brach.

Matth. 18, 20. Wo zwei oder drei versammelt sind in meinem Namen da bin ich mitten unter ihnen.

Hilf, wenn es will Abend werden
Und der Lebenstag sich neigt;
Wenn dem dunkeln Aug' auf Erden
Nirgends sich ein Helfer zeigt.
Bleib alsdann in unsrer Mitten,
Wie dich deine Jünger bitten,
Bis du sie getröstet hast;
Bleibe, bleibe, theurer Gast!

40.

Der Auferstandene im Kreise seiner Jünger in Jerusalem und am See Tiberias.

Einsetzung der heiligen Taufe.

(Matth. 28. Marc. 16. Luc. 24. Joh. 20. 21.)

Joh. 16, 22. Ich will euch wieder sehen und euer Herz soll sich freuen, und eure Freude soll niemand von euch nehmen.

1. Am Abend desselben Tages waren die Jünger versammelt und hatten die Thüren verschlossen aus Furcht vor den Juden. Da trat Jesus mitten unter sie und sprach: „Friede sei mit euch." Sie erschraken aber und fürchteten sich, denn sie meinten, einen Geist zu sehen. Und er sprach zu ihnen: „Was seid ihr so erschrocken, und warum kommen solche Gedanken in eure Herzen? Sehet meine Hände und meine Füße, ich bin's selber; denn ein Geist hat nicht

Fleisch und Bein, wie ihr sehet, daß ich habe." Und da er das sagte, zeigte er ihnen Hände und Füße und seine Seite. Er aß nun mit ihnen, und die Jünger waren froh, daß sie den Herrn sahen. Dann sprach er abermal zu ihnen: „Friede sei mit euch! Wie mich der Vater gesandt hat, so sende ich euch." Und da er das gesagt hatte, blies er sie an und sprach: „Nehmet hin den heiligen Geist."

2. Thomas aber, einer von den Zwölfen, war nicht bei ihnen, da Jesus kam. Da sagten die andern Jünger zu ihm: „Wir haben den Herrn gesehen." Er aber sprach zu ihnen: „Wenn ich nicht in seinen Händen sehe die Nägelmale und lege meine Hand in seine Seite, so will ichs nicht glauben."

Nach acht Tagen waren die Jünger abermals versammelt und Thomas mit ihnen. Da kam Jesus, als die Thüren verschlossen waren, trat mitten unter sie und sprach: „Friede sei mit euch!" Darnach sprach er zu Thomas: „Reiche deinen Finger her und siehe meine Hände, und reiche deine Hand her und lege sie in meine Seite und sei nicht ungläubig, sondern gläubig." Thomas antwortete ihm: „Mein Herr und mein Gott!" Jesus spricht zu ihm: „Dieweil du mich gesehen hast, Thomas, so glaubest du. Selig sind, die nicht sehen und doch glauben."

3. Die Jünger begaben sich nun, wie ihnen der Meister befohlen hatte, nach Galiläa. Dort waren eines Tages Simon Petrus und einige andere Jünger bei einander am See Tiberias und fischten. Da offenbarte sich ihnen der Auferstandene abermals und sprach zu Simon Petrus: „Simon, hast du mich lieber, denn mich diese haben?" Spricht Petrus zu ihm: „Ja, Herr, du weißt, daß ich dich lieb habe." Spricht Jesus zu ihm: „Weide meine Lämmer." Zum andern mal fragte der Herr: „Simon, hast du mich lieb?" Petrus spricht wieder: „Ja, Herr, du weißt, daß ich dich lieb habe." Und Jesus spricht wieder: „Weide meine Schafe." Da fragte Jesus zum dritten male: „Simon, hast du mich lieb?" Petrus ward traurig, daß er zum dritten mal ihn fragte, und sprach: „Herr, du weißt alle Dinge, du weißt,

daß ich dich lieb habe." Spricht Jesus zu ihm: „Weide meine Schafe und folge mir nach."

4. Aber die elf Jünger gingen hinauf auf einen Berg, wohin sie Jesus beschieden hatte. Und da sie ihn sahen, fielen sie nieder. Und Jesus trat zu ihnen, redete mit ihnen und sprach: „**Mir ist gegeben alle Gewalt im Himmel und auf Erden; darum gehet hin und lehret alle Völker, und taufet sie im Namen des Vaters und des Sohnes und des heiligen Geistes; und lehret sie halten alles, was ich euch befohlen habe. — Und siehe, ich bin bei euch alle Tage, bis an der Welt Ende."**

Joh. 14, 23. Wer mich liebt, der wird mein Wort halten, und mein Vater wird ihn lieben, und wir werden zu ihm kommen und Wohnung bei ihm machen.

Liebe, die für mich gelitten
Und gestorben in der Zeit, —
Liebe, die mir hat erstritten,
Ew'ge Lust und Seligkeit, —
Liebe, dir ergeb ich mich,
Dein zu bleiben ewiglich!

41.

Die Himmelfahrt Jesu.

(Luc. 24. Apg. 1.)

Joh. 14, 2. Ich gehe hin, euch die Stätte zu bereiten.

1. Vierzig Tage lang nach seiner Auferstehung ließ sich Jesus unter seinen Jüngern sehen, und redete mit ihnen vom Reiche Gottes. Und als er sie in Bethanien am Oelberg versammelt hatte, befahl er ihnen, sie sollten nicht von Jerusalem weichen, sondern daselbst warten auf die Verheißung des Vaters. „Denn Johannes," sprach er, „hat mit Wasser getauft, ihr aber sollt mit dem heiligen Geist getauft werden, nicht lange nach diesen Tagen." Die aber zusammengekommen waren, fragten ihn: „Herr, wirst du **auf diese**

Zeit wieder aufrichten das Reich Israel?" Er sprach aber zu ihnen: „Es gebühret euch nicht, zu wissen Zeit oder Stunde, welche der Vater seiner Macht vorbehalten hat, sondern ihr werdet die Kraft des heiligen Geistes empfangen, welcher auf euch kommen wird, und werdet meine Zeugen sein zu Jerusalem und in ganz Judäa und Samaria und bis an das Ende der Erde."

2. Nachdem er solches gesagt hatte, hob er die Hände auf und segnete sie, und während er sie segnete, wurde er aufgehoben zusehends, und eine Wolke nahm ihn auf vor ihren Augen weg. Und als sie ihm nachsahen, wie er gen Himmel fuhr, siehe, da standen bei ihnen zwei Männer in weißen Kleidern, die sagten: „Ihr Männer von Galiläa, was stehet ihr und sehet gen Himmel? **Dieser Jesus, welcher von euch ist aufgenommen in den Himmel, wird wieder kommen, wie ihr ihn gesehen habt gen Himmel fahren."**

3. Da wandten die Jünger um gen Jerusalem mit großer Freude und waren stets beieinander einmüthig mit Beten und Flehen, waren allewege im Tempel, priesen und lobten Gott. An die Stelle des Verräthers Judas Ischarioth wählten sie den M a t t h i a s durch's Loos zum Apostel.

Phil. 2, 8—11. Er erniedrigte sich selbst und ward gehorsam bis zum Tode, ja zum Tode am Kreuz. Darum hat ihn auch Gott erhöhet und ihm einen Namen gegeben, der über alle Namen ist, daß in dem Namen Jesu sich beugen sollen aller derer Kniee, die im Himmel und auf Erden und unter der Erde sind, und alle Zungen bekennen sollen, daß Jesus Christus der Herr sei zur Ehre Gottes des Vaters.

Auf, Christen, auf und freuet euch,
Der Herr fährt auf zu seinem Reich;
Er triumphirt; lobsinget ihm,
Lobsingt mit lauter Stimme ihm.

Sein Werk auf Erden ist vollbracht.
Zerstört hat er des Todes Macht!
Er hat die Welt mit Gott versöhnt,
Und Gott hat ihn mit Preis gekrönt!

B. Die Gründung und Ausbreitung
der christl. Kirche durch die Predigt der Apostel.

Matth. 28, 19. Gehet hin, und lehret alle Völker!

42.
Die Ausgießung des heiligen Geistes am Pfingstfeste.
(Apg. 2.)

Joh. 15, 26. Der Geist der Wahrheit, der vom Vater ausgeht, der wird zeugen von mir.

1. Und als der Tag der Pfingsten erfüllt war, waren sie alle einmüthig bei einander. Und es geschah schnell ein Brausen vom Himmel, als eines gewaltigen Windes und erfüllte das ganze Haus, da sie saßen. Und man sah an ihnen die Zungen zertheilt, als wären sie feurig. Und er setzte sich auf einen jeglichen unter ihnen. Und wurden **alle voll des heiligen Geistes**, und fingen an, zu predigen mit andern Zungen, nachdem der Geist ihnen gab, auszusprechen. Es waren aber Juden zu Jerusalem wohnend, die waren gottesfürchtige Männer aus allerlei Volk. Da nun diese Stimme geschah, kam die Menge zusammen und wurden bestürzt; denn es hörte ein jeglicher, daß sie mit **seiner Sprache** redeten. Sie verwunderten sich aber alle und sprachen: „Sind diese nicht alle aus Galiläa? Wie hören wir denn ein jeglicher **seine** Sprache, darinnen wir geboren sind? Wir hören sie mit unsern Zungen die großen Thaten Gottes reden." Und einer sprach zum andern: „Was will das werden?" Andere aber spotteten und sprachen: „Sie sind voll süßen Weins."

2. Da trat Petrus auf und sprach mit lauter Stimme: „Ihr Juden, liebe Männer, diese sind nicht trunken, wie ihr wähnet; es ist ja noch früh am Tage (neun Uhr). Sondern es erfüllt sich, was durch den Propheten Joel zuvor gesagt ist: **Und es soll geschehen in den letzten Tagen, spricht Gott, daß ich ausgießen werde von meinem Geist auf alles Fleisch.** Ihr Männer von Israel hört diese Worte: Jesus von Nazareth, den Mann von Gott, unter euch mit Thaten und Wundern und Zeichen bewiesen, denselben habt ihr durch gottlose Hände an's Kreuz geheftet und umgebracht. Den hat Gott auferweckt; deß sind wir alle Zeugen. So wisse denn das ganze Haus Israel gewiß, daß Gott diesen Jesus, den ihr gekreuzigt habt, zum Herrn und Christus (Gesalbten) gemacht hat.

3. Da sie aber das hörten, ging es ihnen durch's Herz und sie sprachen: „Ihr Männer, liebe Brüder, was sollen wir thun?" Petrus aber sprach: „**Thut Buße, und lasse sich ein jeglicher taufen auf den Namen Jesus Christus, so werdet ihr empfangen die Gabe des heiligen Geistes. Denn euch und euren Kindern ist diese Verheißung und allen, die ferne sind, welche Gott, unser Herr herzurufen wird.**" — Die nun sein Wort gerne annahmen, ließen sich taufen, und es wurden an dem Tage bei dreitausend Seelen zur Gemeinde hinzugethan. Sie blieben aber beständig in der Apostel Lehre und in der Gemeinschaft und im Brodbrechen und im Gebet. Der Herr aber that hinzu täglich, die da selig wurden, zu der Gemeinde.

Gal. 5, 22. Die Frucht aber des Geistes ist Liebe, Freude, Friede, Geduld, Freundlichkeit, Gütigkeit, Glaube, Sanftmuth und Keuschheit.

43.
Ananias und Sapphira.
(Apg. 4. 5.)

Eph. 4, 25. Leget die Lügen ab und redet die Wahrheit.

1. Die Menge der Gläubigen war ein Herz und eine Seele; auch sagte keiner von seinen Gütern, daß sie sein wä-

ren, sondern es war ihnen alles gemein. Es war auch keiner unter ihnen, der Mangel hatte. Denn wie viele ihrer waren, die da Aecker oder Häuser hatten, verkauften sie dieselben und brachten das Geld des verkauften Gut's und legten es zu der Apostel Füßen. Und man gab einem jeglichen, was ihm noth war.

2. Ein Mann aber, mit Namen Ananias, verkaufte seine Güter, und entwendete etwas vom Gelde, mit Wissen seines Weibes Sapphira, und brachte einen Theil des Geldes und legte es zu der Apostel Füßen, als ob es der ganze Erlös wäre. Petrus aber sprach: "Ananias, warum hat der Satan dein Herz erfüllt, daß du dem heiligen Geist lügst, und entwendest etwas vom Gelde des Ackers? Hättest du ihn doch wohl mögen behalten; und da er verkauft war, war es auch in deiner Gewalt. Warum hast du dir solches in deinem Herzen vorgenommen? Du hast nicht die Menschen, sondern Gott gelogen." Da aber Ananias diese Worte hörte, fiel er nieder und starb. Es standen aber die Jünglinge auf, trugen ihn hinaus und begruben ihn.

3. Und es begab sich über eine Weile, kam sein Weib hinein und wußte nicht, was geschehen war. Petrus aber sprach zu ihr: "Sage mir, habt ihr den Acker so theuer verkauft?" Sie sprach: "Ja, so theuer." Petrus aber sprach zu ihr: "Warum seid ihr denn eins geworden, zu versuchen den Geist des Herrn? Siehe, die Füße derer, die deinen Mann begraben haben, sind vor der Thür, und werden dich hinaustragen." Und alsobald fiel sie zu seinen Füßen und gab den Geist auf. Da kamen die Jünglinge und fanden sie todt, trugen sie hinaus, und begruben sie bei ihrem Manne. Und es kam eine große Furcht über die Gemeine, und über alle, die solches hörten.

Ebr. 13, 16. Wohlzuthun und mitzutheilen vergesset nicht; denn solche Opfer gefallen Gott wohl.

2. Cor. 9, 7. Einen fröhlichen Geber hat Gott lieb.

2. Tim. 2, 19. Der Herr kennt die Seinen und es trete ab von der Ungerechtigkeit, wer den Namen Christi nennt.

44.
Die Heilung des Lahmen.
Die erste Verfolgung der Gemeinde.
(Apg. 3. 4. 5.)

Matth. 5, 10. Selig sind, die um Gerechtigkeit willen verfolgt werden.

1. Petrus und Johannes gingen eines Tages mit einander in den Tempel, um zu beten. Vor der Thüre des Tempels saß ein Mann, der von Jugend auf lahm war und täglich dorthin getragen wurde, um zu betteln. Als dieser die Apostel um ein Almosen bat, sprach Petrus: „Silber und Gold habe ich nicht, was ich aber habe, das gebe ich dir. Im Namen Jesu Christi von Nazareth, stehe auf und wandle!" Er ergriff den Lahmen bei der rechten Hand, und alsbald sprang dieser auf, konnte gehen und stehen, ging mit ihnen in den Tempel und lobte Gott. Alles Volk, das ihn sah, verwunderte sich.

2. Da sprach Petrus zu dem Volk: „Ihr Männer von Israel, was seht ihr uns an, als hätten wir durch unsere Kraft diesen wandeln gemacht? Ihr habt den Fürsten des Lebens getödtet, Gott aber hat ihn auferweckt von den Todten, deß sind wir Zeugen. Durch den Glauben an seinen Namen hat er diesem die Gesundheit gegeben vor euern Augen. Liebe Brüder, ich weiß, daß ihr's durch Unwissenheit gethan habt, Gott aber hat erfüllt, was er durch den Mund aller Propheten zuvor verkündigt hat. So thut nun Buße und bekehret euch, daß eure Sünden getilgt werden."

3. Während sie zum Volk redeten, traten die Priester und der Hauptmann des Tempels und die Sadducäer zu ihnen und setzten die beiden Jünger gefangen. Viele aber unter den Zuhörern wurden gläubig. Am andern Morgen versammelte sich der hohe Rath. Sie ließen die Apostel vorführen und fragten sie, in welchem Namen sie das gethan hätten. Petrus, voll des heiligen Geistes, sprach zu ihnen: „Im Namen Jesu Christi von Nazareth, den ihr gekreuzigt habt, und den Gott von den Todten auferweckt hat. Das ist der Stein, von euch

Bauleuten verworfen, der zum Eckstein geworden ist. Es ist in keinem andern Heil, ist auch kein anderer Name den Menschen gegeben, darin wir sollen selig werden."

Da sie die Freudigkeit des Petrus und Johannes sahen und doch wußten, daß es ungelehrte Leute waren, verwunderten sie sich. Sie sahen auch den Menschen, der gesund geworden war, bei ihnen stehen und konnten nichts dawider reden. Sie geboten ihnen daher, daß sie fernerhin nicht mehr im Namen Jesus lehrten. Die Apostel aber antworteten: „Urtheilt selbst, ob es vor Gott recht sei, daß wir euch mehr gehorchen als Gott. Wir können es ja nicht lassen, zu reden, was wir gesehen und gehört haben." Da der hohe Rath das Volk fürchtete, drohte er ihnen nur und ließ sie gehen.

4. Die Gemeinde in Jerusalem mehrte sich immer mehr; selbst aus den umliegenden Städten kam die Menge dahin und brachte Kranke, welche von den Aposteln geheilt wurden. Die Priesterschaft aber, und besonders die Sadducäer, wurden voll Zorns und ließen die Apostel abermals vor den hohen Rath führen. Der Hohepriester sprach zu ihnen: „Haben wir euch nicht mit Ernst geboten, daß ihr nicht in diesem Namen lehren sollt?" Petrus aber und die andern Apostel antworteten: „Man muß Gott mehr gehorchen als den Menschen." Da dachten sie, die Apostel zu tödten. Es war aber im Rathe ein Mann namens Gamaliel, ein Pharisäer, der vom ganzen Volke hochgehalten wurde. Dieser stand auf und sprach: „Ist das Werk von Menschen, so wird es untergehen; ist es aber von Gott, so könnt ihr es nicht dämpfen. Lasset diese Menschen gehen, auf daß ihr nicht erfunden werdet als solche, die wider Gott streiten."

Auf dieses Wort hin wurden die Apostel gestäupt und entlassen, nachdem ihnen geboten war, nicht mehr von dem Namen Jesus zu reden. Sie gingen aber fröhlich von des Raths Angesicht, weil sie gewürdigt worden waren, für den Namen Jesus Schmach zu leiden, und hörten nicht auf, im Tempel und zu Hause das Evangelium von Jesus Christus zu verkündigen.

Apg. 5. 29. Man muß Gott mehr gehorchen denn den Menschen.

Wir können's ja nicht lassen,
Zu reden von dem Herrn:
Und will die Welt uns hassen,
Sei's drum, wir tragen's gern.
Wir können ja nicht schweigen,
Von dem, was wir erkannt,
Es muß der Mund bezeugen,
Wovon das Herz entbrannt.

45.
Stephanus, der erste Blutzeuge.
(Apg. 6. 7.)

Offb. 2, 10. Sei getreu bis an den Tod, so will ich dir die Krone des Lebens geben.

1. Da die Gemeinde sich rasch vergrößerte und die Apostel neben der Predigt des Wortes das Amt der Almosenpflege nicht mehr versehen konnten, so erwählte die Gemeinde auf ihren Rath sieben fromme Männer zum Amt der täglichen Hilfeleistung an die Armen und Wittwen. Unter diesen war Stephanus, ein Mann voll Glauben und heiligen Geistes, der Wunder und Zeichen that unter dem Volk. Mit dem hatten etliche streitsüchtige Juden einen Wortwechsel über die christliche Lehre und vermochten nicht zu widerstehen der Weisheit und dem Geiste, womit er redete. Aus Zorn darüber bewegten sie das Volk und die Aeltesten und die Schriftgelehrten, rissen ihn hin und führten ihn vor den hohen Rath. Sie stellten falsche Zeugen auf, die sprachen: „Dieser Mensch hört nicht auf, zu reden Lästerworte wider diese heilige Stätte und das Gesetz; denn wir haben ihn hören sagen: Jesus von Nazareth wird diese Stätte zerstören, und ändern die Sitten, die uns Moses gegeben hat." — Und sie sahen auf ihn, alle, die im Rath saßen, und sahen sein Angesicht wie eines Engels Angesicht.

2. Da sprach der Hohepriester: „Ist dem also?" Er aber fing an, zu ihnen zu reden von der wunderbaren Führung des Volks Israel, und von seinem fortwährenden Ungehorsam, mit welchem auch sie sich versündigten, und schloß

mit folgenden Worten: „Ihr Halsstarrigen! Auch ihr widerstrebet allezeit dem heiligen Geiste, wie eure Väter. Welche Propheten haben eure Väter nicht verfolgt und sie getödtet, die da zuvor verkündigten die Zukunft dieses Gerechten, des Messias, dessen Verräther und Mörder i h r nun geworden seid?"

3. Länger konnten sie ihn nicht anhören, schon knirschten sie mit den Zähnen gegen ihn. Er aber, voll heiligen Geistes, blickte auf gen Himmel und sah die Herrlichkeit Gottes, und Jesus stehen zur Rechten Gottes und sprach: „I ch sehe den Himmel offen und des Menschen Sohn zur Rechten Gottes stehen." Sie aber schrieen laut und hielten die Ohren zu, stürmten auf ihn ein und stießen ihn zur Stadt hinaus und steinigten ihn.

Die Zeugen legten ihre Kleider ab zu den Füßen eines Jünglings namens Saulus, der Wohlgefallen hatte an dem Tode des Stephanus. Stephanus aber, da er gesteinigt ward, rief und sprach: „H e r r J e s u s, n i m m m e i n e n G e i st a u f." Er kniete aber und rief laut: „Herr, behalte ihnen diese Sünde nicht." Als er das gesagt hatte, entschlief er.

Jetzt erhob sich eine große Verfolgung über die Gemeinde in Jerusalem; dieselbe zerstreute sich in Folge dessen über Judäa und Samaria. Nur die Apostel blieben in Jerusalem. Ueberall aber, wohin die Gläubigen kamen, predigten sie das Evangelium von Jesus, dem Gekreuzigten und Auferstandenen.

2. Tim. 4. 18. Der Herr wird mich erlösen von allem Uebel und aushelfen zu seinem himmlischen Reich.

Wer gibt uns hier schon Freuden,
Die niemand rauben kann?
Wer zeiget uns im Leiden
Den Himmel aufgethan?
Wenn vor dem Tod wir beben,
Wer gibt dem Herzen Ruh'?
Heil! Christus ist das Leben,
Führt uns dem Vater zu!

46.

Der Kämmerer aus Mohrenland.
(Apg. 8.)

Matth. 5. 6. Selig sind, die da hungert und dürstet nach der Gerechtigkeit, denn sie sollen satt werden.

Während dieser Verfolgung kam **Philippus**, auch einer von den sieben Almosenpflegern, nach Samaria und predigte dort von Christus. Das Volk hörte mit großer Freude zu und viele Männer und Frauen ließen sich taufen.

Da sprach der Engel des Herrn zu Philippus: „Gehe hin auf die Straße, die von Jerusalem nach Gaza führt." Als er dahin kam, traf er einen Mann aus dem Mohrenland,*) einen Kämmerer der Königin Candaces, der nach Jerusalem gekommen war, um dort zu beten, und nun wieder heimzog. Er saß auf seinem Wagen und las den Propheten Jesaias. Philippus trat hinzu und sprach zu ihm: „Verstehst du auch, was du liesest?" Er sprach: „Wie kann ich denn, wenn mich nicht jemand anleitet?" Er bat deshalb Philippus, aufzusteigen und sich zu ihm zu setzen. Die Stelle, welche er las, lautete: „**Er ist wie ein Schaf zur Schlachtbank gführt, und still wie ein Lamm vor seinem Scherer.**" (Jes. 53, 7.) Der Kämmerer fragte Philippus, von wem der Prophet solches rede, von sich selbst oder von jemand anders? Da predigte ihm Philippus das Evangelium von Jesus. Als sie an ein Wasser kamen, sprach der Kämmerer: „Siehe, da ist Wasser, was hindert, daß ich mich taufen lasse?" Philippus aber sprach: „Glaubst du von ganzem Herzen, so mag es wohl sein." Er antwortete und sprach: „Ich glaube, daß Jesus Christus Gottes Sohn ist." Er hieß den Wagen halten, beide stiegen hinab zum Wasser, und Philippus taufte den Kämmerer. Als sie aus dem Wasser wieder herauf stiegen, ward Philippus vom Geiste des Herrn entrückt, und der Kämmerer sah ihn nicht mehr. Er aber zog seine Straße fröhlich weiter,

---

*) Ein Mohr ist ein Schwarzer, ein Neger. Mohrenland ist also das Land, wo die Neger herkommen. Hier ist Aethiopien gemeint.

während Philippus umher wandelte und bis nach Cäsarea das Evangelium verkündigte.

Röm. 10, 17. So kommt der Glaube aus der Predigt, das Predigen aber durch das Wort Gottes.

47.
Saulus wird bekehrt.
(Apg. 9. 22. 26. Gal. 1.)

2. Cor. 5, 17. Ist Jemand in Christus, so ist er eine neue Kreatur. Das Alte ist vergangen, siehe, es ist alles neu geworden.

1. Einer der heftigsten Verfolger der Christen in Jerusalem war jener Saulus, welcher bei der Steinigung des Stephanus zugegen war und so großes Wohlgefallen an derselben hatte. Saulus wurde zu Tarsus in Cilicien, Kleinasien, geboren, wo seine Familie das römische Bürgerrecht erworben hatte. Seine Eltern hatten ihn schon frühzeitig nach Jerusalem geschickt, wo er in der Schule des berühmten Pharisäers Gamaliel zu einem Lehrer des heiligen Gesetzes herangebildet wurde. Nebenbei aber hatte er, wie es damals üblich war, ein Handwerk gelernt, nämlich das eines Zelt- oder Teppichmachers.

2. Dieser Saulus schnaubte mit Drohen und Morden wider die Jünger des Herrn. Mit Vollmacht ausgerüstet, reiste er sogar nach Damascus, um auch von dort die Bekenner des Evangeliums gebunden nach Jerusalem zu führen. Und da er auf dem Wege war und nahe bei Damascus kam, umleuchtete ihn plötzlich ein Licht vom Himmel. Und er fiel auf die Erde und hörte eine Stimme, die sprach zu ihm: „Saul, Saul, was verfolgst du mich?" Er aber sprach: „Herr, wer bist du?" Der Herr sprach: „Ich bin Jesus, den du verfolgst. Es wird dir schwer werden, wider den Stachel zu löcken." Und Saulus sprach mit Zittern und Zagen: „Herr, was willst du, daß ich thun soll?" Der Herr sprach zu ihm: „Stehe auf und gehe in die Stadt, da wird man dir sagen, was du thun sollst." Als Saulus sich von der Erde aufrichtete, sah er nicht mehr;

Seine Begleiter aber nahmen ihn bei der Hand und führten ihn nach Damascus.

3. Es war aber ein Jünger zu Damascus mit Namen **Ananias**, zu dem sprach der Herr im Gesicht: „Ananias, gehe hin in die Gasse, die da heißt die **richtige**, und frage in dem Hause Juda nach Saul von Tarsus." Ananias aber antwortete: „Herr, ich habe gehört, wie viel Uebels er deinen Heiligen gethan hat zu Jerusalem." Der Herr sprach zu ihm: „Gehe hin, denn **dieser ist mir ein auserwähltes Rüstzeug**, daß er meinen Namen trage vor den Heiden." Und Ananias ging hin und kam in das Haus und legte die Hände auf ihn und sprach: „Lieber Bruder Saul, der Herr hat mich gesandt, daß du wieder sehend und mit dem heiligen Geist erfüllt werdest." Und alsobald fiel es von seinen Augen wie Schuppen, und er ward wieder sehend und stand auf und ließ sich taufen.

4. Saulus blieb noch einige Tage in Damascus und predigte in den Schulen, daß Christus der Sohn Gottes sei. Da aber die Juden ihm nachstellten, daß sie ihn tödteten und Tag und Nacht an den Thoren der Stadt Wache hielten, ließen ihn die Jünger bei Nacht in einem Korbe über die Stadtmauern hinab. Er floh nach **Arabien** und kehrte nach drei Jahren nach Jerusalem zurück, um Petrus und die übrigen Apostel kennen zu lernen. Die Jünger fürchteten sich aber vor ihm und glaubten nicht an seine Bekehrung. Aber ein Jünger namens **Barnabas** nahm ihn auf, führte ihn zu den Aposteln und erzählte ihnen, wie Saulus den Herrn gesehen und mit ihm geredet hat. Saulus predigte nun eine Zeit lang ungehindert in Jerusalem. Als aber die Brüder hörten, daß die Juden ihn tödten wollten, geleiteten sie ihn gen Cäsarea und ließen ihn in seine Vaterstadt Tarsus ziehen.

Spr. Sal. 16, 9. Des Menschen Herz schlägt seinen Weg an, aber der Herr allein gibt, daß er fortgehe.

Apg. 2, 38—30. Thut Buße, und lasse sich ein jeglicher taufen auf den Namen Jesu Christi zur Vergebung der Sünden, so werdet ihr empfangen die Gabe des heiligen Geistes. Denn euer und eurer Kinder ist diese Verheißung.

48.
Cornelius, der Erstling unter den Heiden.
(Apg. 10. 11.)

Apg. 10, 35. In allerlei Volk, wer Gott fürchtet und recht thut, der ist ihm angenehm.

1. Eine Zeit lang hatten nun die Gemeinden Frieden durch ganz Judäa, Galiläa und Samaria; sie nahmen zu und wandelten in der Furcht des Herrn. Petrus zog umher und predigte und gewann viele Gläubige, welche gewöhnlich H e i l i g e genannt wurden. Er richtete aber seine Predigt vornehmlich an die Juden.

Es war ein Mann zu Cäsarea, mit Namen C o r n e = l i u s, ein römischer Hauptmann; der war gottesfürchtig sammt seinem ganzen Hause, gab dem Volke viele Almosen und betete immer zu Gott. Diesem erschien in einem Gesicht ein Engel Gottes, der zu ihm sprach: „Cornelius, dein Gebet und deine Almosen sind vor Gott gekommen; nun sende Männer nach Joppe zu Simon Petrus, der dort zur Herberge ist bei einem Gerber Simon, der wird sagen, was du thun sollst." Der Hauptmann sandte sogleich seine Knechte nach Joppe.

2. . Des andern Tags, während die Knechte noch auf dem Weg waren, stieg Petrus in Joppe hinauf auf den Söller, um zu beten. Es war um die sechste Stunde. Da er hungrig ward, wollte er essen. Während sie das Essen bereiteten, ward er entzückt; er sah den Himmel aufgethan und ein großes Tuch, an vier Zipfeln gebunden, zu ihm hernieder fahren, worin allerlei unreine Thiere waren. Eine Stimme sprach zu ihm: „Petrus schlachte und iß!" Petrus sprach: „O nein, Herr, denn ich habe noch nie etwas Unreines gegessen." Die Stimme antwortete: „W a s G o t t g e r e i n i g t h a t, d a s m a c h e d u n i c h t g e m e i n." Solches geschah dreimal, dann wurde das Tuch wieder aufgenommen gen Himmel.

Während Petrus über die Bedeutung dieses Gesichtes nachdachte, kamen die Boten des Cornelius zum Hause Simons und fragten nach ihm. Petrus stieg hinab, rief sie herein, und auf Anregen des Geistes zog er des andern Tages mit ihnen nach Cäsarea.

3. Cornelius wartete auf sie und hatte schon seine Verwandten und Freunde zusammen gerufen. Als Petrus hinein kam, fiel Cornelius ihm zu Füßen; Petrus aber richtete ihn auf und sprach: "Stehe auf! Ich bin auch ein Mensch." Cornelius erzählte ihm nun das Gesicht, das ihm zu Theil geworden war, und fügte hinzu: "Wir sind alle hier gegenwärtig vor Gott, alles zu hören, was dir von Gott befohlen ist." Petrus aber sprach: "**Nun erfahre ich in Wahrheit, daß Gott die Person nicht ansieht, sondern in allerlei Volk, wer ihn fürchtet und recht thut, der ist ihm angenehm.**" Er predigte ihnen von Christus, dem Gekreuzigten und Auferstandenen, von welchen alle Propheten gezeugt haben, daß durch seinen Namen alle, die an ihn glauben, Vergebung der Sünden empfangen sollen.

4. Während Petrus noch redete, kam der heilige Geist auf alle, die zuhörten, und die Juden, welche mit Petrus gekommen waren, verwunderten sich, daß auch auf die Heiden die Gabe des heiligen Geistes ausgegossen wurde. Da sprach Petrus: "Möchte jemand es wehren, daß diese getauft werden, die den heiligen Geist empfangen haben, gleichwie wir?" Er befahl, sie zu taufen im Namen des Herrn, und blieb auf ihre Bitte noch einige Tage bei ihnen. Als er wieder nach Jerusalem kam, waren die Brüder unwillig, daß er zu den Heiden gegangen wäre; da er ihnen aber alles erzählte, was geschehen war, lobten sie Gott und sprachen: "So hat Gott auch den Heiden die Buße gegeben zum Leben."

2. Cor. 3, 6. Der Buchstabe tödtet, aber der Geist macht lebendig.

Matth. 23, 8. Einer ist euer Meister, Christus; ihr aber seid alle Brüder.

Joh. 10, 16. Ich habe noch andere Schafe, die sind nicht aus diesem Stalle. Und dieselben muß ich herführen, und sie werden meine Stimme hören, und wird eine Herde und ein Hirte sein.

Eine Herde und ein Hirt!
Wie wird dann dir sein, o Erde,
Wenn sein Tag erscheinen wird!
Freue dich, du kleine Herde;
Mach dich auf und werde Licht!
Jesus hält, was er verspricht.

49.

Die Missionsreisen des Apostels Paulus.
(Apg. 13 u. fl.)

Apg. 9, 15. Dieser ist mein auserwähltes Rüstzeug, daß er meinen Namen trage vor den Heiden.

Erste Missionsreise. 45—47 n. Chr.
(Apg. 13. 14. 15.)

1. Bei der Verfolgung, die nach Stephanus Tod in Jerusalem ausgebrochen war, waren etliche von den zerstreuten Jüngern auch in die Stadt Antiochien in Syrien gekommen. Sie predigten daselbst das Evangelium und brachten auch viele Heiden zum Glauben an Jesus Christus. Als die Gemeinde in Jerusalem davon hörte, sandte sie Barnabas, einen frommen Mann, voll heiligen Geistes und Glaubens, dahin, der sie ermahnte, mit festem Herzen bei dem Herrn zu bleiben. Denn es waren durch den König Herodes Agrippa um jene Zeit wieder schwere Verfolgungen über die Gemeinden gekommen, in welchen Jakobus, Johannes' Bruder, in Jerusalem mit dem Schwerte hingerichtet wurde. (44 n. Chr.)

Barnabas holte sich Saulus aus Tarsus zum Gehilfen an seinem Werke in Antiochien. Beide wirkten nun zusammen ein ganzes Jahr, befestigten und erweiterten diese erste Gemeinde unter den Heiden. Hier wurden auch die Gläubigen zuerst Christen genannt.

2. Von Antiochien aus trat Saulus, der von nun an Paulus genannt wurde, mit Barnabas und Marcus um das Jahr 45 nach Chr. die erste größere Reise zur Ausbreitung des Evangeliums an. Sie fuhren nach der Insel Cypern, von dort nach Kleinasien und kamen in die Stadt Antiochien in Pisidien. Dort predigten sie am Sabbath in der Schule, und viele Juden und Judengenossen wurden gläubig. Nun baten aber auch die Heiden, daß sie ihnen das Wort predigten, und am folgenden Sabbath kam fast die ganze Stadt zusammen, um sie zu hören; nun wurden auch viele Heiden gläubig und priesen das Wort des Herrn. Die Juden aber, voll Neid, erregten eine Verfolgung über die

Apostel und stießen sie zur Stadt hinaus. Paulus und Barnabas schüttelten den Staub von den Füßen und zogen weiter in die Städte Iconium, Lystra und Derbe.

2. In der Stadt Lystra heilte Paulus einen Lahmen. Als das Volk sah, was er gethan hatte, sprachen sie: „Die Götter sind den Menschen gleich geworden und zu uns hernieder gekommen." Sie nannten Barnabas Jupiter und Paulus Mercurius,*) weil er das Wort führte. Der Priester Jupiters brachte sogar Ochsen und Kränze vor das Thor und wollte opfern sammt dem Volke. Da das die Apostel hörten, zerrissen sie ihre Kleider, sprangen unter das Volk und sprachen: „Ihr Männer, was macht ihr da?" Wir sind auch sterbliche Menschen gleich wie ihr und predigen euch das Evangelium, daß ihr euch bekehren sollt zu dem lebendigen Gott, welcher Himmel und Erde gemacht und das Meer und alles, was darin ist. Er hat sich selbst nicht unbezeugt gelassen, hat uns viel Gutes gethan und vom Himmel Regen und fruchtbare Zeiten gegeben und unsere Herzen erfüllt mit Speise und Freude." Sie hielten kaum das Volk ab, daß es ihnen nicht opferte. Aber bald darauf kamen Juden von Antiochien und reizten das Volk auf, so daß sie Paulus steinigten und zur Stadt hinaus schleiften. Schon meinten sie, er sei todt; da ihn aber die Jünger umringten, stand er auf und ging wieder in die Stadt.

4. Am andern Tage zogen sie nach Derbe, von wo sie die Rückreise antraten. Sie stärkten überall die Seelen der Brüder, ermahnten sie, daß sie im Glauben blieben, und trösteten sie mit dem Worte, daß wir durch viele Trübsal müssen in's Reich Gottes eingehen. Zugleich ließen Paulus und Barnabas Aelteste in der Gemeinde wählen und befahlen diese dem Herrn. Als sie nach Antiochien in Syrien zurückgekommen waren, verkündigten sie der versammelten Gemeinde, wie viel Gott durch sie gethan, und wie er den Heiden die Thüre des Glaubens aufgethan habe.

Zweite Missionsreise. 51—54 n. Chr.
(Apg. 15. 16. 17. 18. Gal. 2.)

1. Während sich nun Paulus in Antiochien aufhielt, entstand daselbst zwischen den Christen selbst ein Streit über

---

*) Jupiter, so hieß der oberst: der griechischen Götter; Mercurius war der Götterbote.

die Frage, ob die Christen, welche zuvor Heiden waren, also die sogenannten Heiden-Christen, verpflichtet seien, das ganze Gesetz Moses zu halten. Da gingen im Jahre 50 n. Chr. Paulus und Barnabas nach Jerusalem zu den übrigen Aposteln, um sich mit diesen in dieser Sache zu verständigen. Und die Apostel beschlossen, daß die Christen aus den Heiden das mosaische Gesetz nicht zu halten bräuchten. Die Christen aus den Heiden aber wurden froh, da sie solchen Beschluß hörten.

Nach seiner Rückkehr von Jerusalem nach Antiochien wählte Paulus als Reisegefährten Silas und trat (um das Jahr 51 n. Chr.) seine zweite Reise an. Unterwegs nahm er in Lystra einen Jünger namens **Timotheus** mit, welcher ihm von allen Schülern der treuste und liebste blieb. Sie durchzogen Kleinasien, gründeten Gemeinden in Galatien und kamen bis an's Meer nach **Troas**. Da erschien Paulus in einem Gesicht bei der Nacht ein Mann aus Macedonien, der bat ihn: „**Komme herüber nach Macedonien und hilf uns!**" Sie setzten also nach Europa über, gewiß, daß der Herr sie gerufen habe, und kamen nach **Philippi**, der Hauptstadt von Macedonien. Hier gingen sie am Sabbath in das Bethaus der Juden und redeten zu den Weibern, die dort zusammen kamen. Ein gottesfürchtiges Weib mit Namen Lydia, welcher der Herr das Herz aufthat, ließ sich und ihr ganzes Haus taufen und nöthigte die Apostel, bei ihr zu wohnen. Als aber Paulus den Geist einer Wahrsagerin austrieb, waren die Herren derselben, welche aus dem Wahrsagen großen Gewinn zogen, erbittert darüber; sie erregten das Volk gegen die Apostel, führten sie vor die Richter, und diese ließen sie geißeln und in's Gefängniß setzen.

2. Um Mitternacht aber beteten Paulus und Silas und lobten Gott. Da geschah plötzlich ein großes Erdbeben, alle Thüren sprangen auf, und aller Bande wurden los. Der Kerkermeister fuhr aus dem Schlafe, und als er die Thüren des Gefängnisses offen sah, zog er das Schwert und wollte sich tödten, in der Meinung, die Gefangenen wären entflohen. Paulus aber rief laut: „Thue dir nichts Uebels, denn wir sind alle hier." Der Kerkermeister forderte ein

Licht und warf sich zitternd Paulus und Silas zu Füßen. Er führte sie heraus und sprach: „**Liebe Herren, was soll ich thun, daß ich selig werde?**" Sie sprachen: „**Glaube an den Herrn Jesus Christus, so wirst du und dein Haus selig.**" Die Apostel verkündigten ihm nun das Evangelium, und alsobald nahm er sie zu sich, wusch ihnen die Striemen ab, die sie von der Geißelung empfangen hatten, und ließ sich und alle die Seinigen taufen. Den andern Morgen wurden die Apostel aus dem Gefängniß entlassen. Die in Philippi entstandene Gemeinde bewahrte dem Apostel stets eine besondere Liebe und bethätigte dieselbe durch reichliche Unterstützungen an ihn in seiner Trübsal, weshalb er ihr später von Rom aus ein herzliches Dankschreiben sandte.

3. Von Philippi kam Paulus mit seinen Gefährten nach Thessalonich. Er mußte aber bald eines Aufruhrs wegen nach Beröa entweichen. Die Juden in Beröa machten dem Apostel große Freude, sie nahmen das Wort auf ganz willig und forschten täglich in der Schrift, ob es sich also verhielte, wie ihnen Paulus verkündigte. Von Beröa ging die Reise nach Athen.

Als Paulus in Athen war, wurde er tief betrübt, weil die Stadt so gar abgöttisch war. Er predigte in der Schule und auf dem Markte alle Tage das Evangelium von Jesus und von der Auferstehung. Da sprachen etliche: „Es sieht aus, als wolle er neue Götter verkündigen." Sie führten ihn daher auf den Gerichtsplatz und sprachen: „Du bringst etwas Neues vor unsere Ohren, wir möchten gerne wissen, was das sei." Paulus aber sprach: „Ihr Männer von Athen, ich sehe, daß ihr in allen Stücken allzu abergläubig seid; ich bin durch eure Straßen gegangen und habe eure Gottesdienste gesehen; da fand ich einen Altar, darauf geschrieben war: **Dem unbekannten Gott.** Nun verkündige ich euch denselben, den ihr unwissend verehret. Gott, der die Welt gemacht hat und alles, was darin ist, er, der Herr des Himmels und der Erde, wohnt nicht in Tempeln mit Händen gemacht. Seiner wird auch nicht von Menschenhänden gepflegt, als ob er jemands bedürfe, da er selbst jedermann Leben und Odem allenthalben gibt. Und zwar ist er nicht ferne von einem jeglichen unter uns, denn in ihm leben, weben und sind wir. Wir sind seines Geschlechts und sollen nicht meinen, die Gottheit sei gleich den goldenen, silbernen und steinernen Bildern, durch menschliche Gedanken gemacht. Er hat die Zeiten der Unwissenheit übersehen, nun aber gebietet er allen Menschen, Buße zu thun, weil er einen Tag gesetzt hat, auf welchen er den Erdkreis richten wird mit Gerechtigkeit durch einen Mann, welchen er von den Todten auferweckt hat." Da sie von der Auferstehung der Todten hörten, spotteten etliche, andere sprachen: „Wir wollen dich weiter davon hören." Einige aber hingen dem Apostel an und wurden gläubig.

4. Von Athen ging Paulus nach Corinth. Dort traf er einen um seines Glaubens willen von Rom vertriebenen Juden namens Aquila und dessen Weib Priscilla. Beide hatten das Evangelium angenommen, und Paulus wohnte und arbeitete bei ihnen. An den Sabbathen aber predigte er das Evangelium den Juden und Griechen.

Von hier aus schrieb er die zwei Briefe an die Thessalonicher. Nach einem Aufenthalt von 1½ Jahren begab er sich über Ephesus, wohin ihn Aquila und Priscilla geleiteten, nach Cäsarea und Jerusalem und von da nach Antiochien zurück.

Dritte Missionsreise. 54—58 n. Chr.
(App. 19. 20. 21.)

1. Nach kurzem Aufenthalt in Antiochien trat Paulus seine dritte Missionsreise (54—58 n. Chr.) an. Er durchzog Kleinasien, besuchte die Gemeinden, stärkte sie und hielt sich über zwei Jahre in Ephesus auf, einer volkreichen Stadt mit einem berühmten Tempel der Göttin Diana. Kleine silberne Abbilder dieses Tempels wurden an die Menge verkauft, die dorthin wallfahrtete, und die Handwerker zogen aus diesem Verkauf großen Gewinn. Da Paulus durch seine Predigt diesem Handel Schaden zufügte, so erhob sich unter der Anführung eines Goldschmieds namens Demetrius ein großer Aufruhr gegen den Apostel. Die ganze Stadt ward voll Getümmels, und die Menge schrie bei zwei Stunden: „Groß ist die Diana der Epheser!" Doch geschah Paulus kein Leid, und bald darauf verließ er

Ephesus und begab sich über Macedonien nach Corinth, woselbst er drei Monate blieb. In Ephesus hat er den Brief an die Galater und den ersten an die Corinther, in Macedonien den zweiten an die Corinther, in Corinth selbst den Brief an die Römer geschrieben.

2. Von Corinth aus beschloß Paulus, auf das Pfingstfest nach Jerusalem zu reisen. Er zog zunächst durch Macedonien, fuhr von da zu Schiff nach Kleinasien und landete in Milet. Von hier sandte er nach Ephesus und ließ die Aeltesten der Gemeinde zu sich rufen. An sie richtete er ergreifende Abschiedsworte: „Ich fahre hin nach Jerusalem," sprach er, „und weiß nicht, was mir daselbst begegnen wird, nur das bezeugt mir der heilige Geist: Bande und Trübsal warten meiner daselbst. Aber ich fürchte sie nicht, halte auch mein Leben nicht selbst theuer, auf daß ich meinen Lauf mit Freuden vollende. Ich weiß, daß ihr mein Angesicht nicht mehr sehen werdet. So habt nun Acht auf euch selbst und auf die ganze Herde, unter welche euch der heilige Geist gesetzt hat zu Bischöfen, zu weiden die Gemeinde Gottes. Seid wacker und denket daran, daß ich nicht abgelassen habe, drei Jahre, Tag und Nacht, einen jeden mit Thränen zu ermahnen. Und nun, liebe Brüder, ich beschle euch Gott und dem Worte seiner Gnade." Als er solches gesagt, kniete er nieder und betete mit ihnen allen. Sie weinten aber alle sehr, fielen Paulus um den Hals und küßten ihn, am allermeisten betrübt über das Wort, das er sagte, sie würden sein Angesicht nicht mehr sehen. Sie geleiteten ihn hierauf in das Schiff.—Paulus zog nun nach Jerusalem, ging zu Jacobus, wohin alle Aeltesten kamen, und erzählte ihnen, was Gott unter den Heiden durch sein Amt gethan hatte.

Jes. 55, 10—11. Wie der Regen und der Schnee vom Himmel fällt und nicht wieder dahin kommt, sondern feuchtet die Erde und macht sie fruchtbar: also soll das Wort, das aus meinem Munde geht, auch sein; es soll nicht wieder leer zu mir kommen, sondern thun, was mir gefällt; und es soll ihm gelingen, dazu ich es sende.

Walte, walte nah und fern,
Allgewaltig Wort des Herrn,
Wo nur seiner Allmacht Ruf,
Menschen für den Himmel schuf.

Wort des Lebens, stark und rein,
Alle Völker harren dein;
Walte fort, bis aus der Nacht
Alle Welt zum Tag erwacht.

50.
Paulus als Gefangener in Cäsarea und Rom.
(61—64 n. Chr.)
(App. 21—28.)

2 Cor. 12, 10. Ich bin guten Muths in Schwachheiten, in Schmach, in Nöthen, in Verfolgungen, in Aengsten, um Christi willen.

1. Als Paulus am andern Tag in den Tempel ging, ergriffen ihn die Juden und wollten ihn tödten; doch der römische Hauptmann mit seinen Kriegsknechten entriß ihn ihren Händen und ließ ihn nach Cäsarea zu dem Landpfleger Felix führen. Dieser befahl dem Unterhauptmann, Paulus zu behalten und den Seinen freien Zutritt zu ihm zu gestatten. Nach einigen Tagen kam Felix mit seinem Weibe Drusilla, der Tochter des Königs Agrippa I., forderte Paulus vor sich und hörte ihn reden von dem Glauben an Christus. Da aber Paulus sprach von der Gerechtigkeit und von der Keuschheit und von dem zukünftigen Gericht, erschrak Felix und antwortete: „Gehe hin für diesmal; wenn ich gelegene Zeit habe, will ich dich wieder rufen lassen." Er hoffte aber, daß ihm von Paulus sollte Geld gegeben werden, daß er ihn los gäbe.

2. Nach zwei Jahren trat Festus an Felix' statt. Auch zu ihm kamen Juden von Jerusalem und brachten schwere Klagen gegen Paulus vor, welche sie aber nicht beweisen konnten. Festus wollte den Juden eine Gunst erzeigen und war geneigt, ihn nach Jerusalem zum Gericht führen zu lassen. Paulus aber sprach: „Ich stehe vor des Kaisers Gericht, ich berufe mich auf den Kaiser." Festus antwortete: „Auf den Kaiser hast du dich berufen, zum Kaiser sollst du ziehen." Während der zwei Jahre seiner Gefangenschaft in Cäsarea schrieb der Apostel die Briefe an die Epheser, Colloser und an Philemon.

3. Paulus wurde nun mit einigen anderen Gefangenen (es war im Herbste des Jahres 61 n. Chr.) einem römischen Hauptmann namens Julius übergeben, um nach Rom gebracht zu werden. Aristarchus aus Thessalonich und sein treuer Gefährte Lucas begleiteten ihn. Die weite Seefahrt in der späten Jahreszeit war sehr gefährlich. Sie wollten daher auf der Insel Kreta überwintern, allein ein heftiger Sturm führte das Schiff vom Lande ab und die Mannschaft kam in große Noth. Sie mußten die Ladung und alles entbehrliche Geräthe in's Meer werfen, um das Schiff zu erleichtern. Der Sturm tobte fort und weder Sonne noch Sterne erschienen am Himmel; zuletzt ging ihnen auch die Speise aus. Paulus ermahnte die Schiffsleute, unverzagt zu sein, denn keiner von ihnen werde umkommen; ein Engel des Gottes, dem er diene, sei ihm des Nachts erschienen und habe ihm gesagt, daß er vor den Kaiser gestellt werde, und Gott habe allen, die mit ihm fahren, das Leben geschenkt.

4. Nachdem sie 14 Tage auf dem Meere umhergeworfen worden waren, erblickten sie Land in ihrer Nähe. Ehe sie es aber erreichten, strandete das Schiff an einer Klippe, und die Mannschaft rettete sich theils durch Schwimmen, theils auf Brettern und Balken an das Land. Alle blieben wohl erhalten. Es war die Insel **Melite** (jetzt Malta), welche sie erreicht hatten. Die Leute dort erzeigten ihnen nicht geringe Freundschaft und große Ehre.

5. Nach drei Monaten bestiegen sie ein anderes Schiff und kamen glücklich nach Rom. Hier fand Paulus eine milde Behandlung. Es war ihm erlaubt, eine eigene Wohnung zu nehmen und Besuche zu empfangen, wobei Kriegsknechte ihn bewachten. So blieb er zwei Jahre in Rom, predigte das Reich Gottes und lehrte von dem Herrn Jesus mit aller Freudigkeit ungehindert. Später soll er in Rom unter dem Kaiser Nero (64 n. Chr.) mit dem Schwerte hingerichtet worden sein.

Die letzten Briefe, welche Paulus schrieb, sind die an die Philipper, an Timotheus und Titus. Er hat voll erfüllt das Wort seines Herrn: „Dieser ist mir ein auserwähltes Rüstzeug, daß er meinen Namen trage vor den Heiden, vor den Königen und vor den Kindern Israel." Er durfte am Schlusse seiner Laufbahn von sich sagen: „**Ich habe einen guten Kampf gekämpft; ich habe den Lauf vollendet, ich habe Glauben gehalten. Hinfort ist mir beigelegt die Krone der Gerechtigkeit, welche mir der Herr an jenem Tage, der gerechte Richter, geben wird; nicht mir aber allein, sondern allen, die seine Erscheinung lieb haben.**" 2. Tim. 4, 7. 8.

51.
Die übrigen Apostel.

2. Cor. 4, 9. Wir leiden Verfolgung, aber wir werden nicht verlassen. Wir werden wohl unterdrückt, aber wir kommen nicht um.

Von dem späteren Leben und Wirken der meisten Apostel fehlen uns zuverlässige Nachrichten. Wenn sie auch gewiß, dem Worte ihres Herrn getreu, in der Welt für ihn **unerschrockene Zeugen gewesen sind**, so konnte ihr Name für die ersten Christen doch zurücktreten **hinter dem einen, der über alle Namen ist**. Nur über drei Jünger ist uns etwas bestimmtere Kunde aufbewahrt.

Wie Paulus vornehmlich den Heiden, so **predigte Petrus das Evangelium vornehmlich den Juden**, zuerst denen **in der Heimath**, später auch **den unter den Heiden zerstreuten**. Er soll bis Babylon gekommen sein und dort den nach ihm genannten **ersten Brief geschrieben haben**. Daß er mit Paulus in Rom zusammengetroffen, dort gar Bischof geworden **und den Märtyrertod am Kreuz** erlitten habe, ist keineswegs erwiesen.

Ein Jacobus, oft Bruder des Herrn, auch der Gerechte genannt, der lange **Zeit der** hochgeachtete Vorsteher der Christengemeinde **in Jerusalem war**, fiel durch den Haß **der Juden**, welcher sich nach der Ueberführung des Apostels Paulus nach Rom wider Jacobus wandte. Er soll von der Zinne des Tempels herabgestürzt und gesteinigt worden sein.

Am längsten von allen Aposteln lebte und wirkte **Johannes**. Nach der Zerstörung Jerusalems hielt er sich in Kleinasien, namentlich **in Ephesus** auf. Dort soll er das

Evangelium und die drei Briefe geschrieben haben, die seinen Namen tragen. Von ihm, dem Lieblingsjünger Jesu, der auch der **Apostel der Liebe** genannt werden kann, wird erzählt, daß die einzige Mahnung, die er in den letzten Jahren an die Gemeinde richtete, gewesen sei: „Kindlein, liebet euch untereinander." Fast hundertjährig durfte er in Frieden heimgehen zu seinem Herrn.

Matth. 28, 19 und 20. Gehet hin und lehret alle Völker und taufet sie im Namen des Vaters und des Sohnes und des heiligen Geistes. Und lehret sie halten alles, was ich euch befohlen habe. — Und siehe, ich bin bei euch alle Tage bis an der Welt Ende.

52.
Die Schriften des neuen Testaments.

Joh. 5, 39. Suchet in der Schrift, denn ihr meinet, ihr habt das ewige Leben darinnen; und sie ist es, die von mir zeugt.

Jesus selbst hat über sein Leben und seine Lehren nichts aufgezeichnet. Die gewaltigen Wirkungen seiner Worte und seiner Werke, seines Todes und seiner Auferstehung lebten aber fort in den Herzen und im Gedächtniß seiner Gläubigen. Erst nach seinem Tode haben theils die Jünger Jesu selbst, theils die Schüler derselben es unternommen, die Geschichte ihres Meisters, wie sie dieselbe von Anfang selbst miterlebt oder von andern erkundet hatten, niederzuschreiben. Solcher Lebensgeschichten unseres Heilandes besitzen wir noch vier, die Evangelien nach Matthäus, nach Marcus, nach Lucas und nach Johannes. Sie bilden nebst der Apostelgeschichte des Lucas die fünf Geschichtsbücher des neuen Testaments.

Die Lehrbücher bestehen in Briefen, welche die Apostel und Apostelschüler von verschiedenen Orten aus theils an einzelne Personen, theils an Gemeinden geschrieben haben zur Belehrung, zum Trost und zur Stärkung im Glauben. Das einzige prophetische Buch ist die Offenbarung des Johannes.

Die Bücher des neuen Testaments sind also folgende:

I. Geschichtsbücher.
1. Das Evangelium nach Matthäus.
2. „ „ „ Marcus.

3. Das Evangelium nach Lucas.
4. „   „   „   Johannes.
5. Die Apostelgeschichte des Lucas.
II. Lehrbücher.
6. Der Brief des Paulus an die Römer.
7. Die zwei Briefe des Paulus an die Corinther.
8. Der Brief des Paulus an die Galater.
9. „   „   „   „   „   „ Epheser.
10. „   „   „   „   „   „ Philipper.
11. „   „   „   „   „   „ Colosser.
12. Die zwei Briefe des Paulus an die Thessalonicher.
13. „   „   „   „   „   „   Timotheus.
14. Der Brief des Paulus an Titus.
15. „   „   „   „   „ Philemon.
16. Die zwei Briefe des Petrus.
17. Die drei Briefe des Johannes.
18. Der Brief an die Hebräer.
19. Der Brief des Jacobus.
20. „   „   „   Judas.

III. Das prophetische Buch.
21. Die Offenbarung des Johannes.

Röm. 1, 16. Ich schäme mich des Evangeliums von Christus nicht, denn es ist eine Kraft Gottes, die da selig macht alle, die daran glauben.

Geist des Glaubens, Geist der Stärke,
Des Gehorsams und der Zucht,
Schöpfer aller Gotteswerke,
Träger aller Himmelsfrucht! —
Geist, du Geist der heil'gen Männer,
Könige und Prophetenschaar,
Der Apostel und Bekenner —
Auch bei uns werd' offenbar!

Zeittafel zur biblischen Geschichte.

Vor Christus:

- 4000 Adam.
- 2000 Abraham, Stammvater des Volkes Israel.
- 1500 Moses.
- 1400 Die Richter.
- 1100 Saul.
- 1050 David.
- 1000 Salomo.
- 975 Theilung des Reiches.
- 900 Ahab in Israel. Elias.
- 722. Untergang des Reiches Israel; assyrische Gefangenschaft.
- 588 Untergang des Reiches Juda; babylonische Gefangenschaft.
- 536 Beginn der Rückkehr aus der Gefangenschaft.
- 450 Esra und Nehemia.
- 400 Maleachi, der letzte Prophet.
- 333 Alexander der Große.
- 168 Die Makkabäer.
- 63 Die Römer erobern Palästina.
- 40 Herodes wird König.

Nach Christus:

- 33 Jesus Christus wird gekreuzigt.
- 36. Bekehrung des Apostels Paulus.
- 44 Herodes Agrippa I. läßt Jakobus hinrichten.
- 45—47 Erste Reise des Apostels Paulus.
- 50 Apostelversammlung in Jerusalem.
- 51—54 Zweite Reise des Apostels Paulus.
- 54—58 Dritte Reise des Apostels Paulus.
- 61 Paulus wird nach Rom gebracht.
- 70 Jerusalem wird zerstört.
- 100 Der Apostel Johannes stirbt.

Inhalts-Verzeichniß.

Erster Theil.
Altes Testament.

I. Vorgeschichte.

		Seite.
1.	Die Schöpfung der Welt	5
2.	Der Sündenfall	7
3.	Kain und Abel	8
4.	Die Sündfluth	10
5.	Der Thurmbau zu Babel	12

II. Die auserwählte Familie.
Die Patriarchen Abraham, Isaak und Jakob.

6.	Abraham's Berufung	13
7.	Abraham's Glaube	14
8.	Sodom und Gomorra	15
9.	Isaak's Opferung	16
10.	Isaak's Heirath	18
11.	Jakob und Esau	20
12.	Jakob's Wanderschaft und Heimkehr	22
13.	Joseph wird von seinen Brüdern verkauft	24
14.	Joseph im Gefängniß	26
15.	Joseph wird erhöht	27
16.	Erste Reise der Brüder Joseph's nach Egypten	29
17.	Zweite Reise der Brüder Joseph's nach Egypten	31
18.	Jakob zieht nach Egypten	33

III. Das auserwählte Volk.
a. Israel im Diensthause und auf der Wanderung.

19.	Moses Geburt und Jugend	36
20.	Moses Flucht und Berufung	37
21.	Moses vor Pharao; Auszug aus Egypten	39
22.	Der Zug durch die Wüste bis zum Berge Sinai	42
23.	Die Gesetzgebung auf Sinai	43
24.	Das goldene Kalb	46
25.	Gottesdienstliche Einrichtungen	47
26.	Vom Sinai bis zum Jordan	49
27.	Moses Tod	51
28.	Josua führt das Volk in's verheißene Land	52

b. Israel unter den Richtern.

29.	Die Richter über Israel	54
30.	Ruth	56
31.	Eli und Samuel, die priesterlichen Richter	57

c. Israel unter den Königen.

I. Das vereinigte Königreich.

Seite

32. Saul wird König 59
33. David und Goliath 61
34. David und Jonathan 63
35. David auf der Flucht 64
36. Saul's Tod. David wird König 66
37. David's Sünde und Buße 67
38. David und Absalom 69
39. Salomo 71

II. Das getheilte Reich.

40. Rehabeam 74
41. Die Propheten 76
42. Untergang des Reiches Israel. Die assyrische Gefangenschaft 78
43. Das Reich Juda. Die Könige Josaphat und Hiskia: die Propheten Jesaia und Micha 79
44. Untergang des Reiches Juda. Die babylonische Gefangenschaft. Der Prophet Jeremia 81

d. Israels Gefangenschaft und Rückkehr.

45. Die **Propheten** Hesekiel und Daniel 83
46. Mene, mene, tekel upharsin 84
47. Hiob, ein Trostgedicht in schwerer Zeit 85
48. Des gefangenen Volkes Klage und Trost 87
49. Die Rückkehr aus der Gefangenschaft 90
50. Esra und Nehemia 91
51. Die Bücher des alten Testaments 92
52. Letzte Schicksale des jüdischen Volkes bis zur Erscheinung des Heilandes 95

Zweiter Theil.
Neues Testament.

A. Jesus Christus, der Heiland der Welt.

I. Jesus geht vom Vater aus und kommt in die Welt.

1. Verkündigung der Geburt Johannis des Täufers und Jesu Christi 99
2. Die Geburt Jesu Christi 101
3. Darstellung Jesu im Tempel 102
4. Die Weisen aus Morgenland 103
5. Der zwölfjährige Jesus im Tempel 105

II. Jesu Wirken in der Welt. Sein Evangelium in Wort und That.

Seite.

6. Johannes der Täufer. Jesus wird getauft und versucht 106
7. Jesus sammelt Jünger um sich. Petri Fischzug 108
8. Die Hochzeit zu Kana 110
9. Die Samariterin 111
10. Jesus in Nazareth 113
11. Die Bergpredigt 114
12. Der Hauptmann von Kapernaum. Das kananäische Weib ..118
13. Jesus auf dem Meer 119
14. Die große Sünderin. Zachäus 120
15. Speisung der Fünftausend 122
16. Tod des Täufers Johannes 123
17.
   1. Die Blinden sehen 124
   2. Die Lahmen gehen 126
   3. Die Aussätzigen werden rein 127
   4. Die Tauben hören und die Stummen reden 128
   5. Die Todten stehen auf 128
   6. Den Armen wird das Evangelium gepredigt 129
18. Die Gleichnißreden Jesu.
   1. Vom Säemann 130
   2. Vom Unkraut unter dem Weizen 130
   3. Vom Senfkorn 131
   4. Vom Sauerteig 131
   5. Vom verborgenen Schatz 131
   6. Von der Perle 132
   7. Vom Netz 132
   8. Vom verlorenen Schaf 132
   9. Vom verlorenen Groschen 133
   10. Vom verlorenen Sohn 133
   11. Vom Pharisäer und Zöllner 134
   12. Vom barmherzigen Samariter 135
   13. Vom unbarmherzigen Knecht 136
   14. Vom unfruchtbaren Feigenbaum 137
   15. Vom großen Abendmahl 138
   16. Vom thörichten Reichen 139
   17. Vom reichen Mann und armen Lazarus 139
   18. Von den Arbeitern im Weinberg 140
   19. Von den bösen Weingärtnern 141
   20. Vom hochzeitlichen Kleid 142
   21. Von den zehn Jungfrauen 143
   22. Von den anvertrauten Centnern 144
19. Jesus, der gute Hirte 145
20. Jesus, der Kinderfreund 146
21. Petri Bekenntniß 147
22. Die Verklärung Jesu 149

	Seite.
23. Jesus als Gast bei Maria und Martha	149
24. Die Auferweckung des Lazarus	150
25. Die Salbung in Bethanien	152

III. Jesu Leiden in der Welt. Sein Tod und Begräbniß.

26. Einzug Jesu in Jerusalem	153
27. Jesus straft die Pharisäer. Zinsgroschen. Das vornehmste Gebot. Die Wittwe am Gotteskasten	155
28. Von der Zerstörung Jerusalems. Vom jüngsten Gericht	157
29. Das Osterlamm. Die Fußwaschung	158
30. Die Einsetzung des heiligen Abendmahls	160
31. Jesus in Gethsemane	161
32. Die Gefangennahme Jesu	163
33. Jesus vor den Hohenpriestern	164
34. Petri Verleugnung	165
35. Jesus vor Pilatus und Herodes	167
36. Jesus am Kreuz auf Golgatha	169
37. Das Begräbniß Jesu	173

IV. Wiederum verläßt Jesus die Welt und geht zum Vater.

38. Die Auferstehung Jesu	175
39. Der Gang nach Emaus	177
40. Der Auferstanden im Kreise seiner Jünger in Jerusalem und am See Tiberias. Einsetzung der heiligen Taufe	178
41. Die Himmelfahrt Jesu	180

B. Die Gründung und Ausbreitung der christl. Kirche durch die Predigt der Apostel.

42. Die Ausgießung des heiligen Geistes am Pfingstfeste	182
43. Ananias und Sapphira	183
44. Die Heilung des Lahmen. Die erste Verfolgung der Gemeinde	185
45. Stephanus, der erste Blutzeuge	187
46. Der Kämmerer aus Mohrenland	189
47. Saulus wird bekehrt	190
48. Cornelius, der Erstling unter den Heiden	192
49. Die Missionsreisen des Apostels Paulus.	
Erste Missionsreise	194
Zweite Missionsreise	195
Dritte Missionsreise	198
50. Paulus als Gefangener in Cäsarea und Rom	200
51. Die übrigen Apostel	202
52. Die Schriften des neuen Testaments	203

www.ingramcontent.com/pod-product-compliance
Lightning Source LLC
Chambersburg PA
CBHW020832230426
43666CB00007B/1187